捧读

触及身心的阅读

青鸾
又西二百二十里，曰三危之山。三青鸟居之。
《山海经·西山经》

相柳

九首蛇身，自环，食于九土；其所歍所尼，即为源泽，不辛乃苦，百兽莫能处。

《山海经·大荒北经》

瑶姬

天帝（炎帝）之季女，
名曰瑶姬，
未行而亡，
封于巫山之阳，
精魂为草，
实为灵芝。

——《水经注》

镇元子

头戴紫金冠，无忧鹤氅穿。
履鞋登足下，丝带束腰间。
体如童子貌，面似美人颜。
三须飘颔下，鸦翎叠鬓边。

《西游记》

吴刚

旧言月中有桂，有蟾蜍，故异书言月桂高五百丈，下有一人常斫之，树创随合。人姓吴名刚，西河人，学仙有过，谪令伐树。释氏书言须弥山南面有阎扶树，月过，树影入月中。或言月中蟾桂地影也，空处水影也，此语差近。

《酉阳杂俎》

鲲鹏

北冥有鱼，其名为鲲。鲲之大，不知其几千里也。
化而为鸟，其名为鹏。鹏之背，不知其几千里也。
怒而飞，其翼若垂天之云。
是鸟也，海运则将徙于南冥。
南冥者，天池也。

《逍遥游》

张果老

且说张果，是帝尧时一个侍中。得了胎息之道，可以累日不食，不知多少年岁。直到唐玄宗朝，隐于恒州中条山中。出入常乘一个白驴，日行数万里。到了所在，住了脚，便把这驴似纸一般折叠起来，其厚也只比张纸，放在巾箱里面。若要骑时，把水一噀，即便成驴。

《初刻拍案惊奇》

钟馗

夫钟馗者，姓钟名馗，古有扈氏国终南山阿姑泉人也，生于甘而居于泉，文武全修，豹头环眼，铁面虬鬓，相貌奇异，经纶满腹，刚直不阿，不惧邪祟，待人正直、肝胆相照、获贡士首状元不及，抗辩无果，报国无门，舍生取义，怒撞殿柱亡，皇以状元职葬之，托梦驱鬼愈唐明皇之疾，封『赐福镇宅圣君』，诏告天下，遍悬《钟馗赐福镇宅图》护福祛邪魅以佑平安。

——《钟馗传略》

中国神话真好看2

So Fascinating Chinese Myths

梁兴扬 著

天津出版传媒集团
百花文艺出版社

图书在版编目（CIP）数据

中国神话真好看. 2 / 梁兴扬著. -- 天津 : 百花文艺出版社, 2022.4
ISBN 978-7-5306-8244-9

Ⅰ. ①中… Ⅱ. ①梁… Ⅲ. ①神话－研究－中国－古代 Ⅳ. ①B932.2

中国版本图书馆CIP数据核字(2022)第030541号

中国神话真好看 2
ZHONGGUO SHENHUA ZHEN HAOKAN 2
梁兴扬 著

出 版 人：薛印胜
选题策划：唐冠群　胡晓童　**责任编辑：**安子宁
特约编辑：孟令堃
封面设计：陈旭麟@AllenChan_cx
出版发行：百花文艺出版社
地址：天津市和平区西康路35号　**邮编：**300051
电话传真：+86-22-23332651（发行部）
+86-22-23332656（总编室）
+86-22-23332478（邮购部）
网址：http://www.baihuawenyi.com
印刷：天津创先河普业印刷有限公司
开本：880×1230毫米　1/32
字数：219千字
印张：7
版次：2022年4月第1版
印次：2022年4月第1次印刷
定价：68.00元

如有印装质量问题，请与天津创先河普业印刷有限公司 联系调换
地址：天津宝坻经济开发区宝中道北侧5号5号厂房
电话：（022）22458683　邮编：301800

目　录　contents

第 1 弹

夸父：中国的西西弗斯

作为上古时期的神话传说人物之一，夸父的结局一直让人有点扼腕叹息，但沧海桑田，世事变迁，我们不能用世俗的标准去衡量一个和太阳赛跑的人。

《山海经》载："夸父与日逐走，入日。渴，欲得饮，饮于河、渭；河、渭不足，北饮大泽。未至，道渴而死。弃其杖，化为邓林。"

这是至今有关夸父最经典的一个版本。小学课本还把这一段做了文学的延展，夸父被塑造成了一个和太阳赛跑的人。在逐日之旅中，他虽力有未逮，渴死在中途，但其永不服输、无怨无悔的精神却代代相传。

后来的诸多版本也大都沿着这个方向来进行延展。其中有一个例外，《列子 · 汤问》中把夸父说成了一个自不量力的人："夸父不量力，欲追日影，逐之於隅谷之际。渴欲得饮，赴饮河、渭。河、渭不足，将走北饮大泽。未至，道渴而死。弃其杖，尸膏肉所浸，生邓林。"

《山海经》中，提及夸父的章节很多。笔者只取其一，稍加润色，目的是让大家看一看中国的西西弗斯究竟是一种怎样的存在。

相传，黄帝时期，北方大荒中有一座叫成都载天的大山。那山高耸入云，常年云雾环绕，和传说中的高天仙境并无区别。生活在这里的人据说是神仙后土的后代，他们个个身材魁梧，力大无比，善于奔跑，自称夸父族。

仰仗这些先天的身体条件，再加上他们古道热肠的性格，夸父族人人都喜欢替天行道。此时，南方的蚩尤刚被黄帝打败。他听说夸父族的人爱打抱不平，便立刻向他们求援。夸父族的人觉得，黄帝整天欺负人可不行，我们得替天行道！于是夸父族便加入战斗。

得到了夸父族的帮助，蚩尤又来和黄帝叫板。大战轰轰烈烈，死伤不计其数，结果两方却打了个平手。正当两方相持不下之时，黄帝抽身而去，他连夜赶去泰山，找各路神仙帮忙。

终于，在九天玄女的帮助下，黄帝学到了很厉害的兵法。回到战场，黄帝手持宝剑，在涿鹿行军布阵，斩杀了蚩尤。

蚩尤被杀后，夸父族的人一看，自己也干不过黄帝，便又跑回自己的大山上。

过了没多久，太阳没事干，出来烤地球。一时之间，土地龟裂，江河干枯，整个大地一片肃杀。

夸父族一看，这不是强者又来折腾弱者吗？不服就干！

怎么干？夸父族人想当然地以为要先找水。可是他们找了很长时间，水还是没找到。怎么办？夸父族的首领夸父指着太阳说："老子要把你摘下来，当球踢！"

太阳一听，有点心慌慌，赶紧跑。

夸父拔腿便追。太阳公公前面跑，夸父后面追。就这样，追呀！追呀！转眼之间，夸父已经追出去了一万多里，尽管自己口干舌燥，却始终没有停下脚步。眼看着再往前就到太阳的老巢禺谷了，夸父心想，这一次看你还往哪里逃。

夸父伸手去摘太阳。太阳也不是吃素的，转身杀了夸父一个回马枪，把自己的热量齐刷刷地射向夸父。夸父瞬间被烤得汗如雨下、嗓子冒烟。

怎么办？还得找水补充能量。夸父一口气喝干了黄河、渭河的水。可是一点不顶用，他还是口渴难忍。夸父心想，这样回去跟太阳较真肯定不行。夸父忽然想起来，北方大泽的水多，于是准备到大泽把水喝足了，再跟太阳一决高下。谁知道，还没到大泽，自己就一阵头晕，倒在地上，再没起来。

弥留之际，夸父仍然不甘心，看着西沉的太阳，深吸一口气，把自己的手杖奋力向太阳抛去，然后闭上眼睛死了。

第二天，太阳照常升起，而夸父却变成了一座大山，夸父的手杖化作了一片桃林。春去秋来，每棵桃树上都结满了娇艳欲滴的桃子。

第 2 弹

共工：他捅了天底下最大的窟窿

颛顼帝时，北方三十六州的黎民安贫乐道，敬业守德，用海晏河清来形容一点都不过分。作为北方水德之帝，颛顼帝以慈悲为怀，四方妖魔邪祟皆被感化。

颛顼帝自幼受到叔父少昊的熏陶，表现出异于常人的音乐禀赋。某日，颛顼站在无垠的旷野上，双目紧闭，他正在倾听风掠大地的声音。那风声来自宇宙的深渊，携带着旷世的孤独与寂寥。

风形多变，孤寂转瞬即逝。沉浸在孤寂之中的颛顼显然并未尽兴，便又叫来八条飞龙模仿风声。飞龙在天，龙吟之声传来，颛顼总觉得音质不行，不能完全表现风掠大地的孤寂之美，便又命扬子鳄前来合奏，这就是上古最早的交响乐团的雏形。

扬子鳄不敢怠慢，翻动笨拙的身躯，以尾击肚皮，“咚咚咚”配合着“呜呜呜”，就变成了美妙的乐章：咚呜咚呜咚咚呜！

受了音乐感化的人间百姓，自觉没能力驭龙，便只好去杀扬子鳄，用它的肚皮做鼍鼓。鼍鼓虽只能发出咚咚咚的声音，但聊胜于无，也算作与圣君颛顼共享来自宇宙深渊的孤独与寂寥了。

伏羲时，天、地虽然分开，却有天梯相通。那时的人们在地上受了冤屈，还能借助天梯向天帝申诉。但到颛顼时，海晏河清，人民安居乐业。为了不给天神们增添不必要的麻烦，特别是汲取了蚩尤叛乱对神大不敬的教训，颛顼便命人把天梯搞断，以此来维护宇宙秩序。

一时之间，颛顼管辖的地盘北至幽灵，南至交趾，西至流沙，东至蟠木，动静之物，大小之神，日月所照，莫不砥属。

这本来也是皆大欢喜的，神有神的居所，人有人的归处。但大家没事闲扯淡就很容易生是非，颛顼这样的明君平日最烦的就是有人瞎嚼舌头根子。可偏偏就有一个叫共工的“坏怂”不欢喜，他四处挑唆一些不明道理的山野乡夫、人神莫辨的妖魔邪祟与颛顼作对。

他的歪门邪说总结起来无非就是四个字——无法无天。

按说这种低劣言论很容易被人识破，任他共工如何折腾，大家不跟着起哄不就偃旗息鼓了吗。可是就有一群崇尚无法无天的坏神鸟人受了他的教唆，还组成了一只征讨颛顼的军队。

还有史学家考证出，大战的另一个缘由是作为炎帝的后代，共工本就和黄帝的后代颛顼有梁子。颛顼掌握了统治权之后，炎帝的后代就被打压了。卧薪尝胆的共工纠集反叛的诸神，准备推翻颛顼的统治。

那日，共工率轻骑短刃突袭天国京都，颛顼处变不惊，上天入地，几个回合下来，打得共工落花流水。共工的部落被杀得人仰马翻，几乎全军覆没，他仰天长叹：“可见散兵游勇不堪重用也！”

既然打不过，那就跑！共工一路狼狈逃窜。共工一边跑，一边还想着圣明之君颛顼肯定知道“穷寇莫追”的道理。

可那时候，穷寇莫追这个词还没被发明出来，再加上颛顼天生就具有艺术家歇斯底里，上穷碧落下黄泉的气质，共工算是彻底打错了算盘。

共工被赶杀至西北方的不周山时，身边仅剩十三人。

不周山奇崛突兀，顶天立地，挡住了这伙贼寇的去路。这不周山是一根撑天的巨柱，是颛顼帝维持宇宙秩序的大杀器。

这时，颛顼帝率军从四面八方追来，喊杀声、劝降声惊天动地，天罗地网已经布成。

共工到死还想任性一把，为发泄怨恨，他向不周山撞去。在轰隆隆的巨响中，那撑天拄地的不周山竟被他拦腰撞断，横塌下来。

天柱折断后，整个宇宙便随之发生了大变动，西北的天穹失去撑持而向下倾斜，使拴系在北方天顶的太阳、月亮和星星在原来的位置上再也站不住脚，身不由己地朝低斜的西天滑去。

不周山被撞断后，天就塌下半边来，还露出很多大窟窿；地面也裂开了，出现一条条的深坑裂缝。在天崩地裂的情况下，山林燃烧起熊熊大火，地底喷出了滔滔洪水，周围也蹿出各种凶猛野兽，大地就像一个人间地狱。

后来就出现了女娲补天的故事。

第 3 弹

后土娘娘原来是男的

在民间传说中，后土神的来历很多，版本五花八门。其中，流传最广的是道教里面的“四御”中的第四位天帝后土。据说他与主宰天界的玉皇大帝相对应，是主宰大地山川的一尊神。

《山海经·海内经》载：“炎帝之妻，赤水之子听訞生炎居。炎居生节并，节并生戏器，戏器生祝融，祝融降处于江水，生共工，共工生术器，术器首方颠，是复土壤，以处江水。共工生后土，后土生噎鸣，噎鸣生岁十有二。”（炎帝的妻子、赤水的女儿听訞生了炎居，炎居生了节并，节并生了戏器，戏器生了祝融。祝融被放逐到了长江岸边，生下了水神共工。共工生了术器，术器的脑袋呈方形，他最早通过翻耕土地的方法使农作物丰收，并到长江岸边居住。共工生了后土，后土生了噎鸣，噎鸣把一年划分为十二个月。）

《山海经·大荒北经》载：“后土生信，信生夸父。”（后土生了信，信又生下夸父。）

《国语·鲁语上》载：“共工氏之伯九有也，其子曰后土，能平九土，故祀以为社。”（共工氏称霸九州，后土是共工的后代，因能治理九州的土地，所以作为土神享受百姓祭祀。）

《左传 · 昭公廿九年》载："社稷五祀……土正曰后土。""共工氏有子曰句龙，为后土，此其二祀也。"（后土乃是共工之子，他还有另一个名字叫句龙。后土被尊为土正，即掌管土地的神仙。）

《礼记 · 月令》则称："中央土：其日戊己。其帝黄帝，其神后土。"（中央属土行。土色黄，因此以黄帝为主宰，辅佐他的神叫后土。）

虽然后土的出处不同，神职各异，但从这些记载来看，汉代以前的后土信仰其实是一种土地崇拜，源于先民的自然崇拜。

无论是共工之子还是夸父的爷爷，后土都是男性的身份。那为何流传到今天，后土的形象又变为了女性呢？

中国的阴阳哲学认为，天阳地阴。所以后土最后演变成女性是有理论基础的。随着阴阳学说的兴盛，到隋朝之后，后土逐渐演变为女性神仙，民间又称之为后土娘娘。

那么人们是什么时候开始祭祀后土这尊神的呢？

这要追溯到汉代之前，《文献通考》中记载：地神有两个，每年要祭祀两次。一次在夏至当日，在泽中方丘祭祀昆仑山之神；第二个在夏正当日，在北郊祭祀神州。

从汉文帝时开始，便由国家统一祭祀后土。到汉武帝时，记载祭祀后土的文献就多了起来。其中有一个故事，说汾阴一位名字叫锦的巫师，在濒临黄河的地方发现了一个宝鼎，立即上报给当时的河东太守。太守上书武帝，武帝即刻派有司勘验。这时一个汾阴籍的道士公孙滂洋正在皇帝左右服侍，乘机上书说汾阴就是古地理书中的昆仑山东南之五千里的神州，是中国的中心，所以发现宝鼎的地方应该是远古之时祭祀后土之地。汉武帝信以为真，命人在汾阴建后土祠，还亲自到此举行了一场大规模的祭地仪式。

之后，因为民间屡次出现“祥瑞”，国家祭祀大肆盛行，汉武帝之后的皇帝，包括魏、晋至宋、齐、梁、陈、隋的皇帝都特别重视后土祭祀。

北宋政和六年，宋徽宗御驾亲临玉清和阳宫，封后土为“承天效法厚德光大后土皇地祇”，而且他还规定了，祭祀后土娘娘的规格必须和祭祀玉帝的规格一样。

后来，道士们为了配套，也为了丰富自己的神仙系统，便把后土请来，位列“四御”之一。在道教神话里，她是掌握阴阳生育、山川大地、自然万物的女帝，被尊为“中华最古之祖，土地最尊之神”。

在配享庙宇方面，各地的后土娘娘庙也很多。山西省运城市万荣县后土祠则被认为是海内后土祠庙之冠，是皇家祭祀后土之源，典籍记载，从汉代至宋代，历朝皇帝先后二十四次在此祭祀后土。

根据民间的习俗，农历三月十八是后土娘娘的诞辰之日。百姓在这一天都会去后土祠祭祀后土娘娘，感谢她滋生万物，哺育人类，并祈祷五谷丰登、子孙繁盛、国泰民安。

关于后土神的产生和演变再次印证了，我们对神的原始记忆和后天改造几乎是双向并行的。

第 4 弹

白泽：最擅长画画的神兽

一些网络玄幻小说写手苦于创新无门，只好把上古神话重新演绎一遍，这本无可厚非，因为任何时代的文学都自带改编和杜撰功能，关键是你改编得好不好，能不能让大家记住。

改编和杜撰是文学的功能，也是神话传说流传的动力，毕竟大家都喜欢传播对自己有利的故事，你只需记住一切想象力的起点皆是现实即可。

白泽，这种来自上古的神兽便是一种谜一样的存在。

喜欢神话故事的朋友大概都知道《山海经》里出现过白泽，笔者翻阅古籍，东晋葛洪的《抱朴子》中也有关于白泽的记载，书中的白泽是受了黄帝的感召而来，至于它究竟从哪里来，就不得而知了。

宋朝的《轩辕本纪》中说："帝巡狩，东至海，登桓山，于海滨得白泽神兽，能言，达于万物之情。因问天下鬼神之事。自古精气为物、游魂为变者凡万一五百二十种，白泽言之，帝令以图写之，以示天下。"

这里的白泽被描绘成一个能说人话，通晓天下鬼神之事的祥瑞之兽。黄帝为管理天下的魑魅魍魉、妖魔邪祟，还特意命它画下了所有鬼怪的样子，于是便有了《白泽精怪图》传世。现留存于世的《白泽精怪图》，是敦煌残卷。《白泽精怪图》记录了民间发生的怪异之事和辨识恶鬼精怪、避免它们出来作怪的方法。这样说来，《白泽精怪图》就相当于一本“民间驱邪大辞典”了。所以可以想见，当时它的受欢迎程度，应该就相当于现在的一本超级畅销书。

虽然民间关于白泽的传说很多，但白泽到底长什么样，还是众说纷纭。这就像冷兵器时代，江湖上到处流传某侠客的传说，至于其人长什么模样，各有各的说法。

在现存的古籍《三才图会》中，上古神兽白泽大致是狮子身，头上有两角，还长了山羊胡子。可是《白泽精怪图》又是这样记录的：“羊有一角当顶上，龙也，杀之震死。”

白泽作为一种祥瑞的神兽，后来还和钟馗组成了一对超强的搭档。

为什么把他俩搁在一起呢？

你想想，一个是捉鬼的专家，一个是识别鬼怪的高手，他俩来做搭档，岂不是能保佑百姓福寿康泰，家宅平安吗？

最后历经数代文人的演绎，白泽竟然成了钟馗的坐骑。

一个捉鬼，一个识鬼，这对搭档在民间的影响力迅速上升，几乎到了家喻户晓的程度，可算是顶级流量组合了。

第 5 弹

毕方：一只脚的神鸟

有一天，森林里开大会。鹦鹉问麻雀："你是个什么鸟？"

麻雀看见鹦鹉一脸不屑，就想故意逗它一下，清了清嗓子说："俺可是个神鸟儿。"

鹦鹉一听大惊，态度立即转变了，毕恭毕敬地向麻雀求教："请问你到底是啥神鸟？"

麻雀回答："俺是毕方。"

这下唬得鹦鹉一头雾水，因为神鸟毕方它确实听说过，却没见过。

这则现代小故事当然是杜撰的，但它说出了一个事实，见过神鸟毕方的鸟其实没几个，那见过神鸟的人肯定就更少了。

笔者翻阅了许多古籍，关于神鸟毕方的记载很少，有的也只是只言片语，我尽量从这些只言片语里给大家拼凑出一个完整的神鸟毕方的故事来。

在上古神话里，毕方是一种和凤凰比较相似的神鸟。

《山海经·西山经》里说："有鸟焉，其状如鹤，一足，赤文青质而白喙，名曰毕方。其鸣自叫也，见则其邑有讹火。"

翻译成白话，就是山中有一种鸟，形状像鹤，但只有一只脚，它青色的身子上长着红色的斑纹，嘴巴是白色的，名叫毕方。它鸣叫的声音就是自身名字的读音，在哪里出现哪里就会发生怪火。

且不说颜值，毕方这种一只脚的形象在众鸟之中立即脱颖而出。

笔者也给大家讲过，人活一世，草木一秋，有时候真不是拼颜值，而是拼辨识度。你看神鸟毕方，既保持了辨识度，又具备神秘感，人对这种鸟一般都记忆深刻。

《骈雅》中说：“毕方，兆火鸟也。”

《淮南子》中也有记载，和《山海经》大同小异。

那毕方究竟是怎么成神的呢？

据说，真正让毕方一战成神的是它和黄帝征战的故事。

上古时期，黄帝花费了很长时间平定天下，最后在涿鹿之战中大败蚩尤。蚩尤虽然战败，但其残部仍然苟延残喘，屡次侵犯黄帝统治的势力范围。特别让黄帝无法容忍的是，这种侵犯屡屡发生，似乎有为蚩尤招魂之势。

在东南方向，蚩尤的旧部在统帅相柳的蛊惑下，正重新招集蛇虫，依托茂密的森林随时准备反扑。而西北方向，灵媒们也正加紧赶制招魂的法器，准备聚集蚩尤的魂魄，组建亡灵军队，企图与黄帝再作搏杀。

消息传到黄帝耳朵里，这让黄帝非常愤怒。这一怒不要紧（后世也无法考证黄帝是不是有高血压），黄帝打了个趔趄，差点摔倒在地，幸亏站在一旁的侍女机警，一把扶住了他，这才使他不至于硬生生地跌倒。

黄帝盛怒，寻求平定阴谋之法，宰相风后进献妙计。不过，这妙计之实施还要黄帝亲征。

没办法，黄帝只好独自乘着一辆由各种火符组成的战车，开拔泰山。

他准备在那里与蚩尤旧部的亡灵进行决战。

这辆烈火战车带着黄帝风驰电掣地向泰山开去。山路颠簸，黄帝坐在战车里想着马上又要战斗了，心情估计还是很激动的。

意外出现在马上就要到泰山之时，已经在路上奔驰了五六天的黄帝，忽然发现自己的战车被一团黑影紧紧围住，而且这黑影越来越凝重，像是蓄着万钧之力。黄帝立即提高警惕，进入战备状态。那团黑影越来越清晰，渐渐露出了人脸的模样。

那人脸一会儿面朝战车，一会儿又向后飞去。这张影子组成的人脸能随着风向不停地变幻形状，恍恍惚惚若有若无的招数让黄帝有点措手不及。

眼看那团黑影又要包围过来，黄帝这才分辨出黑影是谁。

在黄帝半生的征战杀伐之中，那影子曾经与他多次鏖战，虽然每次都被黄帝打败，但是他屡败屡战，是个难缠的对手。黄帝无奈之下，曾下令在北方极端寒冷之地砍下他的头颅。即便如此，凛冽的寒风依然无法立即封冻腔中的黑血，名为蚩的甲虫因此爬满了北方的国土——它就是蚩尤!

黄帝惊骇无比，没想到自己的老对手又复活了。

他看到蚩尤的影子被一股疾风吹动，那影子迅速凝聚成一张巨大的手臂，骁勇善战的黄帝一时竟不知如何应对黑影的袭击，只得大叫一声，用袖子捂住脸，试图阻止影子蚩尤的袭击。

当此困局，忽然一声尖锐的鸣叫划破天际，同时，一道红光在黄帝面前闪过。黄帝的烈火战车立即停了下来，而那团黑色的影子也消失不见了。

等黄帝睁开眼看时，但见远处一只红色的大鸟逐渐消失于天际，四周重新归于平静。黑影不复存在，黄帝莫名其妙地又一次平定了由蚩尤残部纠结的暗黑势力发动的不义之战。

很多年以后，黄帝还能清楚地回忆起那只红色的大鸟，他叫来风后一问究竟。风后告诉黄帝，那只大鸟名叫毕方，当年黄帝征讨四方时，就是它把黄帝杀死的敌军幽魂封锁在泰山之中，这次黄帝驾着烈火战车与蚩尤的亡魂大战之时，也是神鸟毕方及时赶到，打败了蚩尤。

这些典故传说已经遥远得不可考证，而神鸟毕方，据说在辅助黄帝泰山之战后，也再没有出现过。

第 6 弹

哪些神仙能呼风唤雨?

祈求风调雨顺是古老祭祀中很重要的一个单元。

帝国的王者亲至祭坛，行诸般繁琐礼仪，为的是天下苍生有一个丰收年岁。无论结果理想不理想，但作为一种与天沟通的方式，祭天的风俗一直延续至今。虽然祭祀的环节屡经瘦身，但所求并无不同。

雷公和电母是呼风唤雨的神仙，它们在享受祭祀的同时承担了为人间普降甘露的责任。在雷公、电母之前的远古时代，它们的角色则由风伯、雨师扮演。道家则一般把风伯、雨师称为风神和雨神。

中国上古的神话很多源自星辰崇拜，之后随着人们的诉求不断提高，便开始将自然星辰的形象人格化。这种特点，从风伯、雨师的传说中也能看出来。

相传，风伯名叫飞廉，它是一个鹿身雀头豹纹蛇尾的怪兽。

民间传说中，风伯原来是蚩尤的师弟，他曾与蚩尤一起拜一真道人为师，在祁山修炼。既然是师出同门，后来师兄蚩尤和黄帝干仗的时候，师弟飞廉肯定不能袖手旁观。

我们先来看看这位师弟的武力值。

话说当年，飞廉学艺修炼的时候，是个善于观察的好学生。别的师兄弟修炼了一天，精神溃散，也无精力去留心一些微妙的变化，只有他，经过长期的观察，发现对面的山上有一块大石头。

这是一块不一般的石头。

飞廉经过长期的观察发现，每当风雨交加之时，这块石头竟能飞舞起来，而一旦天晴，那块石头便又蛰伏回原处。

这个发现让飞廉狂喜不已。

某天夜里，风雨大作，那块石头又跳出来独自飞舞。顷刻间，整个山坡飞沙走石，地动山摇。说时迟，那时快，早在一旁观察很久的飞廉一把抱住了那块神奇的石头。

收了神通的石头露出了真容，它竟然是“风母”。天赐良机，岂容错过！飞廉赶紧拜风母为师，跟她学御风的本事。一来二去，飞廉在风母这里学会了招风、收风的法术。

飞廉学御风之术和《西游记》里孙悟空拜师学艺有一比。当年，孙悟空拜菩提老祖学艺，同门的师兄弟都去睡了，只有他半夜三更爬起来，跑到菩提老祖房里来，学了那七十二般变化。从此之后，孙悟空武艺精进，为后来大闹天空做了铺垫。

从这两件事上，我得出一个结论：即使大家同在一块儿学艺，也一定要善于观察，找到法门才能学到真本事。

飞廉招风、收风的本领，在蚩尤大战黄帝的时候真就派上了用场。他曾一度把黄帝打得找不着北。

《水经注》里的飞廉以善于行走而为纣王效力。后来武王伐纣，飞廉自杀殉国，感动了天帝，天帝便封其为风神。汉代之后，飞廉的形象逐渐人格化。唐以后，风伯的主要职能是配合雷神、雨神帮助万物生长。

有关雨师的来历，最早源自人们对雨水的崇拜。

《独断》云：“雨师者，毕星也，其象在天，能兴雨。”此时的雨师还是一种星辰天象。后来，雨师也逐渐被人格化了。至今流传比较广的一个版本认为雨师是赤松子。

据传，赤松子先生见风便能作雨。

一次阴差阳错的机会，赤松子在西天母那里搞到了一种不死的神药。服用这种神药之后，赤松子变得能浴火重生，还可以驾风驭雨。

修仙成功的赤松子先生，顺便还拐走了炎帝的小女儿，做起了天上的快活神仙。

可是神仙一快活不要紧，人间几万年没有下过一滴雨。

沧海桑田，时光荏苒！终于有一天，赤松子先生才想起来这件事，他慌忙到人间去查看。

这时，远古的地球已经经历了数万年的干旱。旱情重的地方，到处是飞沙，人畜都渴死了。大统领神农氏满面愁容，眼看自己的疆土颗粒无收，自己的臣民口渴难耐，而自己却无计可施。

这时候，忽然跑来一位蓬头垢面、举止古怪的野人，那野人还做了一番自我介绍：“本仙人赤松子，会下雨。”

神农氏一听大喜过望，立即请赤松子先生当场演示。(记住了各位，如果以后谁在你面前吹嘘他有上天遁地的法术，一定要当场就请他演示一番。)

赤松子先生从腰间取出一个葫芦，从葫芦里倒出一把红色粉末，吞下之后，立即化身一条赤龙。那赤龙腾空而起，刹那间，天空中风雨大作。倾盆大雨像是救命的良药，地里的庄稼立即恢复了生机。

神农氏喜出望外，极力挽留赤松子，封他为雨师。

后来神农氏位列仙班，黄帝继任了大统。

蚩尤不服，前来挑战，他还专门请风伯、雨师帮忙。蚩尤与黄帝大战于涿鹿。《山海经 · 大荒北经》记载：“蚩尤作兵，伐黄帝，请风伯雨师，纵大风雨。”

作为蚩尤的亲密战友，赤松子和飞廉主动请缨打头阵。

上古战场上，赤松子化作一条蛟龙，飞廉变为一只猛鹿。一时间，雷电交加，狂风骤雨，飞沙走石。黄帝和他的将士们被风沙、雷雨困得严严实实，连东南西北都分辨不出，哪还有能力与蚩尤作战。

蚩尤趁机杀来，黄帝丢盔弃甲。蚩尤依仗飞廉和赤松子能征风召雨的优势，九战九胜，迫使黄帝连连后撤，一直退到泰山。

故事的结局是，黄帝在九天玄女的帮助下造出了指南车。有了指南车，黄帝再也不怕迷失方向了。

双方再战，黄帝一鼓作气，打败了蚩尤，还活捉了赤松子和飞廉。两人一看，打不过就降了吧，从此弃恶从善，专心为天下苍生降风布雨。

第 7 弹

谁是颜值最高的龙?

在中国的创世神话中，存在许多神兽。

这些神兽个个神力高强，奇形怪状。上古时，它们几乎霸占了整个地球。后来，有些神兽却莫名地消失了。笔者推测，这种神兽有没有可能就是人类想象的产物，随着岁月的淘洗又重新埋进历史长河里。

应龙就是上古神兽之一。

记载神兽应龙的古籍不少。那么，应龙究竟长什么样子呢?

按照民间的说法，应龙和传统的中国龙长相并无不同，只是多了双翼。这个说法在古籍中也能找见：黄色龙鳞，五彩羽翼，五爪。

但龙本身就会飞，应龙长着五彩羽翼，不会是为了拼颜值吧?

作为一种上古神兽，在商周的铜器、战国的玉雕，以及汉代的石刻、帛画和漆器上，常出现应龙的形象。还有学者考察出，应龙和古代“祖龙”应为同一种龙。

《庄子》载：“老龙吉”即“应龙吉”。

《氏族典》载：“祖龙，老龙也。”

两书都认为应龙即祖龙。

还有许多学者根据自己的考据提出过很新颖的观点：应龙原本只

有一条，名为庚辰，到南北朝时期又产生了第二种，据说是普通神龙经过千年修炼而成。

《述异记》载：“水虺五百年化为蛟，蛟千年化为龙，龙五百年为角龙，千年为应龙。”

《山海经》载：“应龙已杀蚩尤，又杀夸父，乃去南方处之，故南方多雨。”

《淮南子》载：“毛犊生应龙，应龙生建马，建马生麒麟，麒麟生庶兽，凡毛者，生于庶兽。”

《太平广记》载：“禹治水，应龙以尾画地，导决水之所出。”

《帝王世纪》载：“又征诸侯，使力牧神皇直讨蚩尤氏，擒之于涿鹿之野，使应龙杀之于凶黎之丘。”

《史记》载：“驾应龙象舆之蠖略逶丽兮，骖赤螭青虬之蟉蜿蜒。”

《晋书》载：“乘云车电鞭之扶舆委移兮，驾应龙青虬之容裔陆离。”

《宋书》载：“应龙攻蚩尤，战虎、豹、熊、罴四兽之力。”

《新唐书》载：“应龙之翔，云雾滃然而从，震风薄怒，万空不约而号，物有自然相动耳。”

有关应龙的记载不胜枚举。

关于应龙生平，目前一个比较流行的能够串起来的版本大致是这样的：应龙庚辰生了麒麟、凤凰，他同时还是龙族的祖先。据说盘古都是他的子孙。

当年盘古开天辟地，世界支离破碎，应龙又重组了天地。作为天上的九龙之一，应龙还帮助女娲补过天，帮助黄帝干过仗，帮助大禹治过水等等。最后应龙化为中央七宿，成为五方七宿中唯一后天所成的星宿。

其实我像许多小朋友一样，对应龙的出身来历不太感兴趣，而一直好奇的是这个上古神兽的武力值。

《阮籍集》记载，应龙的正常状态为龙首枕于星宿、张宿，龙尾挂于柳宿、井宿，身体倚靠于太微垣三台。当应龙伸展双翼，便可塞满茫茫宇宙，而当它收缩身形，则又进入无间之地。

应龙的翅膀居然可以填满宇宙，这可比孙悟空的金箍棒厉害多了。

当应龙飞天之时，一切云气、星宿尽皆跟从其后，同时有雷霆响起，震撼天地四极，充斥九垓，四方汪洋海水如龙卷风一般升上天空。

还有古书记载：当年乾坤破碎，四海飘散，应龙生生把天托开，才结束天地一片混沌的状态。我们不得不慨叹一下：这一膀子力气可是亘古未见！

无独有偶，古代不仅有应龙开天的记载，还有其创造大地的神话传说。

《全唐文》中记载，长孙无忌曾上表说“应龙辟壤，致宅土于遐年……天之祚圣，复在于兹”，称应龙开辟了世人所居的大地。

应龙除了拥有创世之力、救世之功外，还拥有灭世之能。他这个能力就很像西方克苏鲁神话里的万恶之源。应龙施雨之时，可以调动天之元气，于天地中孕育万物，《易传》称之为“品物流形”。甚至连应龙的画像都有神效，可以镇压天地各类灵异，令天下重归太平。

第 8 弹

你知道天书是怎么写的吗?

小时候，常听村里老人们讲《水浒传》的故事。其中一段，讲到宋江被一群梁山好汉们从江州法场救出来之后，不放心家里的父亲和弟弟，下梁山去接他们时，却被官兵发现。慌乱之中，宋江进了一座玄女庙。官军搜寻至庙里，情况危在旦夕，忽然玄女娘娘显灵，吹起一阵黑风，一时间黑云密布，飞沙走石，官军们只能仓皇逃走。

后来的事就更加刺激了。

官军走了之后，宋江突然听到有人喊：“宋星主，我家娘娘有请。”宋江定睛一看，原来是两个青衣女童。

大殿里灯火辉煌，正中间九天玄女娘娘端坐在七宝九龙床上，先赐了宋江三杯酒、三颗仙枣，然后给了他三卷天书。宋江得天书之后欣喜若狂，回到家中苦心钻研，从此不再朝三暮四，坚定了“造反”的决心，一直到后来晁天王殒命，取而代之成为梁山泊起义军的领袖。

当然了，书说到后面，有关宋江归顺朝廷之后许多兄弟的悲惨下场是小伙伴们最不愿意听的，于是赶快请老先生打住。

故事讲了半截，大家只记得这天书，便在一起争论不休。争论什么呢？当然是天书里到底说了些什么，竟能让宋江有如神助。记得当时一个小伙伴忽然说，他家里就有一本天书，是玄女娘娘赐给他的。在其他小伙伴们的煽动之下，他第二天拿过来供大家鉴定，却是一本残缺的《金瓶梅》，大家也确实不懂，只有说书的老先生笑而不语。

民间关于九天玄女的传说历来很多，《水浒传》中九天玄女的故事并非空穴来风。

《诗经》中记载："天命玄鸟，降而生商，宅殷土芒芒。古帝命武汤，正域彼四方。"

这首商人歌颂自己祖先的诗歌，把九天玄鸟作为先祖，而且在《史记》和《吕氏春秋》中也记载了这种传说，可见九天玄鸟无论在民间还是在官方都有记录。

此时的九天玄女还叫九天玄鸟，还是一个鸟的形象，后来九天玄鸟又幻化为玄女，成为黄帝之师。

《黄帝问玄女兵法》这本书隋朝时就有了，书里记载了黄帝当年是如何战胜蚩尤的：蚩尤勇猛，黄帝九战不胜，没有办法，只好且战且退于泰山。忽然有一日，天降大雾，有一妇人人首鸟形，黄帝赶紧祭拜。那妇人曰："我乃九天玄女也，你有什么事求助于我？"黄帝赶紧说："小子欲万战万胜。"于是九天玄女就把天书兵法授予黄帝，最后助黄帝大胜蚩尤。

从这部书中可以看出，此时的九天玄女虽然还未完全脱离鸟形，但已经向前进化了一步，成了一位救助黄帝于危难之中的半人半禽的女神。

九天玄女在道教信仰中的地位非常重要——从《诗经》《史记》中的"玄鸟"至道教女仙"玄女""九天玄女"的过程，乃大道衍化、天地化育之功。所以，从道经记载探究，九天玄女的原型是玄鸟。

另外，九天玄女的形象在古典小说中演绎得比较充分，她深谙奇门遁甲之道，曾授宋江天书，为黄帝之师，收白猿为徒，给刘伯温讲兵法，赐给薛仁贵五件法器，帮唐赛儿对抗燕王朱棣……

在这些传说中，九天玄女所持法器都不一样，有八卦、拂尘、宝剑、桃花木剑、葫芦、天书、照妖镜、宝珠、钟、九彩石等等。

虽然我始终未曾寻得天书，但是多年之后，当我以身从道，经历许多人世的坎坷后，确实对玄女这一形象有了更深的体悟。九天玄女就是我们这个民族在遭受苦难时，鉴于对美好生活的不懈追求而塑造的一位神仙。尤其是在道家那里，只要是有香火的地方，九天玄女都会来倾听人间的苦难，故香烛业奉祀九天玄女为祖师。

第 9 弹

水神也会被淹死？

酷暑炎炎，游泳是许多年轻人首选的避暑方式。

同学少年，鲜衣怒马。站在无边的河岸上，大家齐刷刷把自己脱个精光，然后扑通一声跳进河里。有些个游泳的好手还要扎一个猛子，让岸边的人好生羡慕。

但众所周知，游泳向来是一个有风险的事情。特别是懂一点水性的人，以为自己可以轻松驾驭得住那一池清波，殊不知微微碧波之下，很可能是暗流涌动。

在中国神话体系中，水神是传承最广、影响最大的神祇之一。中国有关河流凶险的传说有很多，特别是在黄河、长江流域等曾诞生过华夏文明的地方，许多关于河怪的故事更是精彩而神秘。这些故事大多富含教育和训诫的意义，教导人们对未知的河流保持必要的敬畏之心。

据古籍载，江河湖海，甚至水井、水潭中都有职司不同的水神。最早有史料可查的中国水神应该是共工。他和火神祝融的故事许多人都应该听说过。二神一水一火，水火不容，最后以大家耳熟能详的“共工怒触不周山”收尾。在后来的神话体系中，中国掌管水系的神就变成了水德星君。

关于此神，《太上洞真五星秘授经》里有介绍：“北方水德真君，通利万物，含真娠灵，如世人运气逢遇，多有种劾掠之苦。宜弘善以迎之。”说白点，就是水德星君很厉害，大家一定要敬重他。

河伯作为水神的记载，是晋代的事了。关于他是如何成为水神的，晋代的《搜神记》里说他过河时淹死了，就被天帝任命为河伯管理河川。

古代这种在哪里死的就在哪里封神的故事有很多，这里包含着一个朴素的因果循环的道理。

在现代网络玄幻故事版本中，河伯冯夷被封为水神之前，一度有点膨胀，当他听说应龙被天地册封为“司四季、司中岳、司中土，司黄河、江、汉、淮、济之水、司黄帝之子孙”的大神之后，很是不爽，便主动下战书，要找应龙单挑。

应龙可不是个花拳绣腿的神仙。话说他当年帮助黄帝斩过蚩尤、杀过夸父，是一员不折不扣的骁将。虽然最后他因能量消耗太大而无力回天，但天帝念其功勋昭著，封他为水神。

所以应龙和河伯之间的这场大战，其实是实力不匹配的战斗。河伯是久居河中深渊的宅男，挑战应龙实属不自量力。

这一场实力悬殊的战斗，结果可想而知。久经战阵的应龙三下五除二就把河伯给收拾了。于是名言正顺地成了天下的水神之首。

还有一个有关河伯的传说。

古时候，在华阴潼乡有个叫冯夷的人，不安心耕种，一心想成仙。

他听说凡人喝上一百天水仙花的汁液，就可化为仙体，便到处找水仙花。当时黄河泛滥，水淹村落无人治理。黄河水流远远看着是浅浅的，其实暗流涌动。而且地面上七股八道，沟沟汊汊全是黄河水。

一天，冯夷特意找了一个水比较浅的地方过河，谁知刚到河中间，水忽然涨了起来，冯夷脚下一滑，跌落在黄河之中，被活活淹死了。

冯夷被淹死后，自然心有不甘，就到玉帝那里告状。

冯夷大声喊冤：“天道煌煌，难道黄河都没有人治理了吗？这样得淹死多少像我这样无辜的好人。”

玉帝一听，这是在挑战天庭威信，赶紧找人查，结果一查，发现黄河确实多年无人治理。

冯夷委屈地说：“您老人家看看，今天这事怎么办吧？”

要不说还是人家玉帝是领导。他当场就非常恼火（也可能摔了桌子，骂了下面的小神），然后问冯夷：“既然黄河无人治理，你又因此而蒙难，那你愿不愿意亲自去治理黄河呢？”

冯夷一听，自然喜出望外，满口答应。这一来了却了自己成仙的心愿，二来可报被淹死之仇。如此这般，冯夷便成了黄河水神，人称河伯。

可问题也出现了：之前他根本不懂什么治水的事儿。如今被封到这里做神仙，不干点什么，岂不有负玉帝他老人家的重托！

于是冯夷闲着没事的时候，就沿着黄河瞎转悠。一边转悠他一边还暗暗给自己打气：一定要把这条泛滥成灾的玩意儿给调理了才行。

可是如今，冯夷虽然成了仙，道行却尚浅，又不懂什么法术咒语，所以单凭雄心壮志是不行的。聪明的冯夷一想，既然自己不行，便找行的人讨教一下，他首先想到的是法力无边的玉帝。

冯夷寻见玉帝，把自己的困惑讲出来。玉帝告诉他，要治理好黄河，先要摸清黄河的水情，画个河图，有黄河的水情河图为依据，治理黄河就省事多啦。

下凡之后，河伯便按玉帝的指点，准备画河图。

但从哪里画起呢？河伯心想既然是从老家淹死的，那肯定得先从自己的老家画，于是河伯来到了自己老家。可是到了家乡之后，冯夷发现乡亲们都讨厌他前世好逸恶劳，没人搭理他。

河伯又苦口婆心，一家家做工作，给大家讲治理黄河是一件功在当今，利在后世的大好事。经过他的良言相劝，乡亲们似乎懂了，开始和他一块儿绘制河图。

查水情，画河图，是件苦差事。时光荏苒，岁月如梭，等河伯把河图画好，自己已年老体弱了。

河伯看着河图：黄河哪里深，哪里浅；哪里好冲堤，哪里易决口；哪里该挖，哪里该堵；哪里能断水，哪里可排洪，图上都画得详尽无比，一清二楚。可惜的是自己烈士暮年，已经没有力气再去按图治理黄河了。所以冯夷便天天盼着能出来一个治水的高手，可以把河图传给他，也不枉自己的一片苦心。

从此，河伯一整天一整天地“猫”在黄河边，等那个有缘人。

孰料，黄河连年涨水，沿河百姓苦不堪言。大家都知道玉帝是派冯夷来治水的，却一直没有治好，便开始骂他不尽职，不管老百姓死活。

更雪上加霜的是，一个住在黄河边上的老汉，天天盼望河伯来治理黄河。老汉有个儿子，一厢情愿地去求应龙帮忙，应龙没答应，老汉的儿子便自己治理黄河去了。结果他刚到河边，便遇上黄河决口，很快就被无情的河水冲走淹死了。

消息传来，应龙并不自责，反而觉得这一切都是河伯的错。无意之中，他和河伯这梁子算是结下了。

斗转星移，鲧治水失败之后，大禹又出来治水了。

蹲在黄河边等着有缘人的河伯决定把黄河河图授予大禹。

话说这一天，河伯打听到大禹正在黄河边勘察水患，他喜出望外，赶紧带着河图出来，准备传给大禹。

但是他俩压根没见过面，河伯也不知道大禹究竟长啥样。抱着碰一碰运气的想法，河伯沿着黄河走了老半天，结果连个人影也没见着。

正当河伯略感失望之时，忽然看见河对岸走着一个年轻女人。这人婀娜多姿，河伯猜想，这可能是大禹的妃子，于是扬声问道："喂，大姐，请问你认识大禹吗？"

凑巧的是，那看上去婀娜多姿的年轻人却是应龙，应龙这些天也正在找河伯，忽然听见河对岸有人喊自己大姐，心中厌恶之情骤起，便反问道："你丫谁呀？"

河伯高声答应："我是河伯。请问大姐，你是大禹的妃子吗？"

应龙一听，真是踏破铁鞋无觅处，顿时心头大喜，向河对岸冷笑一声："奴家正是大禹的妃子。"应龙一边说一边张弓搭箭，不问青红皂白，"嗖"地一箭，便射中了河伯的右眼。

河伯疼得虚汗直流，心里骂道，这个大禹真是个混蛋，我本来要授予他河图，没想到他老婆先把我给射了。

河伯越想越气，动手就要去撕那黄河河图。说时迟，那时快，应龙瞬间变作一条黄龙，以迅雷不及掩耳之势，从河伯手中夺得了河图。

正当二人准备大打出手之际，大禹忽然出现了。大禹把沿途打听到的有关河伯如何艰辛绘制河图的事给应龙一五一十讲了一遍。应龙听后，后悔莫及，于是随大禹一同蹚过河，当面向河伯承认了过错。双方误会解除。

河伯亲手把河图交给了大禹。大禹日夜不停，根据图上的指点，把黄河之水东引入海，造福了一方百姓。

第 10 弹

旱魃是远古超级女英雄

小时候，常听村里老人讲起百年不遇的大旱：“其时，地表龟裂，万物枯死，黄土漫天。”

彼时的一切，都像极了末日景象。很多村民背井离乡，拖家带口，向未知的水源之地前行，寻找生存之路。

降水量的减少是引起大旱的主要原因，可是人们并不怎么愿意相信，他们认为一定是旱魃在作祟。逃亡的人前途未卜，留守者开始一通乱拜神——王母娘娘、南海观音、东海龙王一一拜完，至于效果，还是得听天由命。

其实，让大家敬而远之的“魃”在远古的传说里并没有那么可怕。它不仅与穷凶极恶没有丝毫关系，还是帮助黄帝打败蚩尤的有功劳的神仙。

《山海经》载：“有人衣青衣，名曰黄帝女魃。蚩尤作兵伐黄帝，黄帝乃令应龙攻之冀州之野。应龙蓄水，蚩尤请风伯雨师，纵大风雨。黄帝乃下天女曰魃，雨止，遂杀蚩尤，魃不得复上，所居不雨。”

传说中，蚩尤经过长期准备，蓄意挑战黄帝。他私下屯兵备战，认为时机成熟之际，便纠集了大量的妖魔邪神，向黄帝发起攻击。仓促之下，黄帝先派天将应龙前去迎敌，应龙到了冀州之后，准备靠自己的大翅膀发动洪水包围蚩尤，一战而定全局。

但应龙显然小看了蚩尤。作为神话中的战神，蚩尤的武力值肯定不容置疑，早有准备的蚩尤请来风伯、雨师。战事一开，还没等应龙施展武力，风伯、雨师就发动了一场大风雨，应龙率领的军队很快就迷失在漫天的风雨之中。

黄帝大吃一惊，又派出雷泽的雷神去战蚩尤。

雷神到达战场之后，看见风伯、雨师布下的漫天风雨阵，发现自己平常用的拍雷大法不一定镇得住（平日里，如果只是小阵仗，雷神只需要对着敌人拍拍自己的肚皮，保证把敌人吓得屁滚尿流，然后缴械投降），于是便把自己的坐骑大夔牛杀掉，用它的皮制作了一面大鼓。

战场之上，只听得鼓声阵阵，声达于天。鼓声刺破了漫天风雨阵，蚩尤大败。与此同时，黄帝又派出女魃作战。

女魃身穿青衣，来到阵前。女魃有一项神力，便是她能够周身发出极强的光和热。她甫一施展神力，风雨迷雾就顿时消散了。

最后黄帝如愿擒杀了蚩尤，但女魃因为神力耗尽而不能再回到天上，她居住的地方没有一点雨水，一个名叫叔均的部落首领将此事禀报给黄帝，后来黄帝就把女魃安置在赤水的北面。

有的文字记载，旱魃和女魃是同一个神话人物，而有的文字记载则说他们不是同一人。

《神异经》记载：“南方有人长二三尺，袒身而目在顶上，走行如风，名曰魃，所见之国大旱，赤地千里。”这里的魃即为旱魃。

还有传说，抓住旱魃将其扔进粪坑杀死，就可以消除旱灾。

清朝时，《子不语》中又把魃和僵尸联系起来，《子不语》中把僵尸分为八大种：紫僵、白僵、绿僵、毛僵、飞僵、游尸、伏尸、不化骨，其中飞僵即为魃。

第 11 弹

发明镜子的人长得最丑

美学理论家把自己总结的一套经验展示给世人，并教育世人如何审美。这个审美是从艺术的角度出发，它不是为了辨别丑有多不堪，而是教人如何辨别什么才是艺术。

而这套标准到了民间就变成简单的美丑论调。人们习惯从外貌笼统地概括，这个人是美的，那个人是丑的。

如果说艺术的美丑还有主观因素，容貌的美丑则纯属先天生成。可见，由此演变的以美丑论善恶更是纯扯淡。

稍微有点人文常识的人都应该知道，善恶属于人心的范畴，不归容貌管，而且历史上曾多次出现丑善、美恶的例子，今天讲的嫫母就是一个典型的丑善人物。

嫫母是黄帝的次妃。大家可能会浮想联翩，认为黄帝肯定是后宫佳丽三千。

事实上，在原始社会，即使贵如黄帝，也不能任性妄为。古人喜欢讲以德服人，君王的德行是要被记入史册的，只是后来随着皇权的集中，君王们大概忘了这一条。

据传，黄帝的正妃嫘祖就是一位集容貌与才华于一身的人，那么黄帝是不是没事找事，非要娶个丑媳妇放家里，难道是为了辟邪吗？

你还真别说，嫫母就是有这个功能。

据唐代的《琱玉集·丑人篇》描述，嫫母的尊容是：“锤额颇頞，形麄色黑。”翻译一下就是，她的额头像纺锤一样，鼻梁塌陷，身体肥壮如大木箱子，通身漆黑。我的耳边忽然想起王洛宾的一首歌：“她的美貌像弯月，她的腰身像棉柳，她的小嘴儿很多情，眼睛能使你发抖……”两者一对比，视觉效果更强了。

黄帝看中了她相貌的奇特，专门娶回家来驱邪，这事儿乍一听很荒诞，却是事实。

古人认识自然的能力有限，很多判断都来自感官，尤其是双眼，而且上古时候神人之间的界限还不明显，黄帝就是利用了嫫母的相貌来震慑邪祟。

辟邪这件事，对黄帝来说，真是大功一件，但对于嫫母，肯定就不是什么好事。

嫫母后来还因为貌丑而成逐疫驱鬼之神，据说后世巫医为祛除瘟疫跳大神时所戴的面具，就是嫫母的遗像，其模样也是极其丑陋。

嫫母发明镜子的事更是偶然。

因为大家都说自己长得丑，所以嫫母不喜欢抛头露面，更不喜欢去水边玩耍，整天只知道围着黄帝转。终于有一天，黄帝鼓励她没事多出去转悠转悠。

然后，嫫母便和闺蜜一块儿进山挖石板。她忽然发现有一块石片闪闪发光，嫫母把石片拿在手中仔细端详，竟然被石头里影影绰绰的人脸吓了一跳。

她不敢声张，悄悄把石片带回宫里，然后趁没人的时候跑到水池边，果然，石片上的影像和水中的一模一样。

这肯定就是自己了！

第一次正视自己的容颜之后，嫫母非常羞愧。但此事不宜声张，嫫母虽然讨厌石片中的自己，但也清楚那只是自己的镜像。

嫫母把石片带在身边，没事的时候就磨。很快，石片被磨得越来越光滑，自己在石镜中的影像越来越清晰，她越来越不敢把这件事告诉黄帝。

其实在笔者看来，嫫母此举完全是掩耳盗铃，每个人都长着眼睛，不是你藏了石镜，自己就不存在了。

果然，不久之后黄帝就发现了这件事。可是，他不仅没有责罚嫫母，还给她记功一件，因为人们再也不用为了看自己一眼，每次都跑到水边去了。

人类从此开始了用镜子的历史！

第 12 弹

蛮夷的祖先竟是一条狗？

“五帝”之一的帝喾(高辛氏)在位时，部落内有一老妇人患有耳疾。每次发病时，老妇人都头疼欲裂，寝食难安。

为治自己的耳疾，老妇人请来名医。名医拿出一根银针，折弯成鱼钩状，在老妇人耳朵里搅动起来。片刻之后，名医居然从老妇人的耳朵里取出一条肉乎乎的虫子。

虫子大如蚕，在石凳上滚来滚去，甚是可爱。老妇人大吃一惊，害怕它跑出去害人，就把它盛于瓠中，用盘子盖了起来。顷刻之间，那如蚕的虫子变成了一条五彩斑斓的小狗，对着老妇人摇头晃脑。老妇人很喜欢这条小狗，还给它取了一个名字：盘瓠。

盘瓠聪明异常，却好勇斗狠，老妇人害怕它出去惹祸，就常常在家里训练它。

老妇人专门为它量身定做了一些训练科目：游泳、定点拉撒、叼盘。在她的训练下，盘瓠进步神速，特别是叼盘，不管老妇人把盘子抛多高、多远，盘瓠都能稳稳地把盘子叼住。

当时，犬戎部落十分强大，屡次侵犯边境。

帝喾不胜其扰，便派军队征讨。前方传来的军报让帝喾担忧不已：

南方山高水险、气候异常，大军屡遭败绩。

久战不胜之际，帝喾想起“重赏之下，必有勇夫”的古训，于是颁布诏令，如有人能取犬戎部落首领吴将军的首级，赏金自是少不了，还可以把自己心爱的女儿嫁给他。

诏令在部落范围内迅速散布，很多勇士自告奋勇，却全部有去无回。吴将军的威名成了一个阴影，笼罩在帝喾部落的上空。

作为帝喾部落的一员，老妇人虽已年老力衰，但家国情怀却丝毫不减，她经常在盘瓠跟前念叨帝喾的诏令。

说者无意，听着有心。三日之后，盘瓠忽然从外面回到部落，嘴里叼着一个人头。众人上前一看，竟是吴将军首级。

这就尴尬了，诏令在先，帝喾不知如何应对。

帝喾望了望吴将军的首级，又望了望群臣，说道：“诸位，这事怎么办？”

一个大臣深谙圣意：“盘瓠是个畜生，虽有功，却无法做官娶妻，不如奖励老妇人，让她好生喂养盘瓠就是了。”

另外几个大臣也都唯唯诺诺地表示赞成。

正当众人就此达成一致意见的时候，盘瓠却不干了，它直立起身子，在大殿之上一声长啸，久久不肯离开。

双方搞得很僵，城外的百姓议论纷纷，事情很快就传到帝喾小女儿这里。

帝喾的小女儿找到父亲，向他陈明利弊，奉劝帝喾国事为大：“如果君主不能信守承诺，国家怎么能长久？”

帝喾权衡再三，觉得女儿说得很有道理，只能同意这门亲事。

盘瓠和帝喾女儿成亲之后，二人避开人群，来到南山。南山草木旺盛，人烟稀少，二人遂定居于此。

女儿走后，帝喾很悲伤，总是禁不住想念她。大臣们很会揣度圣意，便派人去南山寻找，但山高水远，杳无音信。

转眼之间，三年过去了。

盘瓠和帝喾的女儿生了六男六女，盘瓠死后，六对孩子又相互结成配偶。他们穴居在深山之中，以树皮为衣，以果蔬为食，还经常采摘五颜六色的草籽，把衣服染得和自己的父亲一样色彩斑斓。

儿女们业已长大成人，帝喾的小女儿思念父亲，便又回到自己的国家，并把这一切告诉了父亲。

时间是治愈伤痕的最佳良药，饱受思女之扰的帝喾已经释然了，并准备派人把自己的外孙、外孙女接回部落。然而，盘瓠的儿女们已经习惯了粗野简单的山林生活，不愿意回到繁华的都市去。

大臣们无奈，只好回去复命。

帝喾知道之后，只好顺从了他们的意愿，并把他们生活的南山赐给他们，对外统称他们为“蛮夷”。

第 13 弹

他是五帝之一，竟生了一堆怪物

“龙生龙，凤生凤，老鼠的儿子会打洞。”意即在外部环境不变的情况下，一个物种的基因延续是很强大的。

“龙生九子，各有不同。”意即在同一个物种内，每个个体之间都可能存在很大差异。

颛顼是中华民族人文共祖之一，他一生杀伐决断，静渊有谋。少昊死后，他打败共工，雄踞中原，以帝丘为都城，以句芒为木正、祝融为火正、句龙为土正，可谓是一代雄主。

颛顼二十岁荣登帝位，在位期间他创制九州，定婚姻，制嫁娶，讲究男女有别，长幼有序；针对巫术盛行之风，下令民间禁绝巫教；改革甲历，定下四季和二十四节气。

毫不夸张地说，颛顼有过人的谋略，有坚忍的毅力，有霹雳的手段，有胸怀天下的气魄，有通天御敌的本领。

可就是这种神一样的存在，依然有缺憾。

俗话说，老子英雄儿好汉。这话说颛顼就不灵了。

《搜神记》卷十六载：“昔颛顼氏有三子，死而为疫鬼：一居江水，为疟鬼；一居弱水，为魍魉鬼；一居宫室，善惊人小儿，为小鬼。”

颛顼不止有这三个儿子。相传，颛顼有传世之子二十四人，名老童、伯服、中骗、驩头、淑士、三面、季禺、魍魉、虐鬼、小儿鬼、穷鬼、梼杌、穷蝉、苗民、苍舒、敳颓、梼戭、大临、龙降、庭坚、仲容、叔达、称等。

《山海经 · 大荒西经》载："颛顼生老童，老童生祝融，祝融生太子长琴，是处摇山，始作乐风。""老童"之名特别有意思，"老"和"童"本是对立的，却统一在一个人的名字里。

伯服是颛顼长子，为颛顼之妻女禄所生。古人兄弟排行按照伯、仲、叔来排，就是伯服继承了颛顼的国号。

驩头据说是人面鸟喙，有翅膀，常常借助自己的翅膀飞到海里捕鱼，也是个怪物。

梼杌是上古四大凶兽之一，它的体型像老虎，长着一张人脸，嘴巴里却有野猪一样的獠牙，尾长丈八尺。据说他经常胡作非为，而且性格非常固执。梼杌在古代就有"棒槌"的意思，估计颛顼管不住这个顽固的儿子，所以常常称呼他为"棒槌"。

穷蝉在被尊为灶神之前，经常干的事就是在每家每户的厨房灶台上放陶罐，如果谁犯了错，他就往那人的陶罐里扔签。如果一个人的陶罐被签子填满，就表示此人恶贯满盈，会遭受上天的处罚。

从《山海经》和一些留存文献的记载来看，颛顼的后代确实奇形怪状的比较多。

但作为华夏的人文之祖，颛顼的后代还有很多，据说他们中的一支后来发展为南方的楚国，屈原就曾自称是高阳氏颛顼的后代。

作为神话中的人物，颛顼的一生可谓是波澜壮阔，最为神奇的是他竟然死而复生。

《山海经 · 大荒西经》载：“有鱼偏枯，名曰鱼妇。颛顼死即复苏。风道北来，天乃大水泉，蛇乃化为鱼，是谓鱼妇。”大意是已经死去的颛顼趁着蛇即将变成鱼而未定型的时候，托体到鱼的躯体中，于是死而复生。

颛顼是水德之帝，水是万物生命之源。

当北方万物凋零，鸟兽蛰伏，苍茫大地看似毫无生机，但这些只是表象。肃杀之中常常孕育着新生，他们只是在等待自己的生命周期。

中国的神话里，很多神仙都有死而复生的超能力。神灵有自己独特的复活密码。

颛顼的复活密码是“水”，再加上他本身就具有贯通阴阳两界的神奇属性，所以他的子孙后代里才会出现那么多阴阳不分、奇形怪状的标本。

第 14 弹

踩个脚印就怀了人类始祖

据专家考证，现在的山东菏泽就是上古时期的雷泽。

在整个中华民族的发展史上，雷泽有举足轻重的作用。相传，伏羲的父亲雷神就住在雷泽。伏羲是最早有文献记载的创世神，有关他的身世一直众说纷纭，一说他是燧人氏和华胥的儿子，还有说他是雷神和华胥的儿子。

上古时候，雷泽这个地方沼泽遍地，水草丰茂，向来便有天下之中的说法。盛名之下，雷泽很快便成为一个旅游胜地。大家来这里游玩观景，甚至还想一睹雷神的风采。

当时盛传于各个部落之间的一个传说，把雷神描绘成龙身人脸，身材魁梧，脚掌巨大的生物。他神力超强，拍拍肚皮就会出现漫天的雷声。雷声轰鸣，震耳欲聋，方圆几百里都听得清清楚楚。

需要明确的一点是，这里所讲的雷神和雷公并不是同一个神。

雷神诞生于上古时期，比雷公要早得多。虽然他拍拍肚子也会发出雷声，但他的主要职责不是打雷下雨。在天庭成立之前，一些神仙并不需要恪尽职守地干一件什么具体工作。雷神就是这样，他虽然会打雷，但打不打雷完全看心情，并不受什么天规约束。

简单点说，雷神其实是上古时期，居住在雷泽的一个人面龙身的古老神仙，他没事的时候就到雷泽周边逛逛，由于身材魁梧，体重超标，他所到之处就留下很多巨大的脚印。雷泽成为“风景区”以来，连这巨大的脚印也成了著名的景点。

雷泽附近有一个部落，住着华胥一族。当时人们还没有国家的概念，许多部落都是以姓氏聚集居住，华胥氏便是这样一个部落。

华胥部落有一个公主，具体叫什么名字已经不可考，我们这里暂且就叫她华胥氏。

这个华胥氏非常贪玩，闲来无事就游历名山大川。如果当时有旅行家这一称呼的话，那她就像徐霞客一样，是个名副其实的旅行家。

不管怎样，既然爱旅游，下面的故事就顺理成章了。

一日，华胥氏正闲得无聊，闺蜜跑过来告诉她说自己发现一个非常好玩的地方，那里水草肥美，牛羊成群，风景如画。最令人神往的是，据说那里还有一个“网红打卡地”——雷神脚印。

华胥氏一听，心里非常激动，什么都没想就跟着闺蜜去雷泽玩耍了。

二人一路游山玩水，很快就到了雷泽。雷泽湖面宽阔，波澜不兴，山清水秀，二人一边赏景，一边沿着湖边的路往前走。湖边的路上忽然出现一个巨大的脚印，那脚印有脚趾有脚掌，清晰而硕大。

闺蜜非常害怕，躲在华胥氏身后说，那肯定是雷神的脚印。闺蜜告诉华胥氏，这雷泽里据说住着一位雷神，身材高大，神力威猛，也只有他才能踩出如此巨大的脚印。

啊！原来这就是传说中的雷神脚印啊！

听闺蜜这么一说，华胥的好奇心更大了。常言道，好奇害死猫。笔者认为，人类真是诞生于好奇心。试想一下，如果你对万事万物都没有兴趣，那么怎么可能创造出新东西。同理，万事万物如果都互相不感兴趣，也不会发生基因的重组和突变，人类的诞生就遥遥无期。

在强烈好奇心的驱使下，华胥氏一下就踩了进去。自己的小脚和这个大脚印一比，简直是天壤之别。少女华胥氏心神荡漾在雷神的巨大脚印里，不能自拔。

人类向前一小步，文明便向前一大步。华胥氏踩在雷神的大脚印里，虽然什么都没有发生，但她当时就隐隐感觉到一丝异样。她的整个身体发生了轻微的震颤，至于到底发生了什么，她一时也说不清楚。

此次旅行很愉快，仿佛也没有什么事情要发生。

回到部落的华胥氏，肚子却一天比一天大。这种感觉很奇特，过了很久很久，华胥氏才发现自己怀孕了。

华胥氏先后生下了两个孩子，一个男孩，天帝伏羲；一个女孩，地皇女娲。一口气生出两位大神的华胥氏自然也是神仙，后人都尊称她为中华始祖母。

第 15 弹

炎帝女儿竟成楚怀王的梦中情人

瑶姬天帝女，精彩化朝云。
宛转入宵梦，无心向楚君。

这是唐朝大诗人李白的一首诗，他在诗中表达了对瑶姬的无限倾慕之情。那么诗中的瑶姬又是谁呢？

《水经注》载：“天帝（炎帝）之季女，名曰瑶姬，未行而亡，封于巫山之阳，精魂为草，实为灵芝。”

在中国神话里，人们通常把瑶姬叫神女。据说她是炎帝的四女儿，美丽又善良，她自幼生活在天上，最爱到后花园里玩耍。那里有暖暖的风和潺潺的溪流，瑶姬总是一整天都待在那里。

院子的鸟鸣和花儿的淡香让人沉醉，瑶姬流连忘返，竟然和这景色融为一体。饿了的时候，有翠绿色的小鸟为她衔来香甜美味的水果；渴了的时候，有鲜花绿草为她奉上甘甜可口的露水。

那时的瑶姬天真烂漫，无忧无虑，花园里总是回荡着她的笑声。

作为主宰者的炎帝，虽然一天都在忙于公务，但对这个小女儿宠爱有加，用现在的话说，真是含在嘴里怕化了，捧在手心怕掉了。

炎帝珍爱这个小女儿，不仅因为她有美丽的青春，更因为她善良的性格——她常常为了人间百姓过着艰辛的生活而伤心落泪。

岁月如白驹过隙，转眼之间，瑶姬就长大了。

长大后的瑶姬出落得更加美丽动人。可是红颜薄命，天妒英才，就在她成年的那一年，突然发生了一件不幸的事——她生了一场大病，来势汹汹的病魔很快就将她击倒。

没多久，瑶姬就已形容枯槁，站不起来了。后花园的溪流边，再也看不见瑶姬美丽动人的身影，溪流缓缓，像是怀念旧日的时光；阳光里也不见瑶姬婀娜多姿的身影，阳光沉默，像是在缅怀曾经的欢乐；微风中，再也看不见瑶姬欢腾跳跃的身影，微风呜咽，像是在呼唤那些一去不复返的岁月。

瑶姬已经病入膏肓，深爱着她的父亲炎帝心急如焚，却束手无策——自己虽是医药之神，但药能医病，却无法让爱女起死回生。

很快，瑶姬就香消玉殒。痛苦不已的炎帝把自己心爱的女儿安葬在巫山。

瑶姬像是通灵一样，她的香魂飘到姑瑶山，化作芬芳的瑶草。瑶草花色嫩黄，叶子双生，果实似菟丝子。据说，若是谁家的女孩服用了瑶草，肌肤便会立即变得白嫩、有弹性，摸上去像丝绸一样。这都跟瑶草的来历有关，这瑶草长在巫山之上，成日吸收日月精华，而且最最神奇的是，它居然有了人的形状，那是瑶姬的魂魄借助瑶草获得了新生。但借助瑶草重生之后的瑶姬，已经无法重返天庭。

重生之后的瑶姬善良依旧，她特别讨厌一整天都待在山上，所以常常借助瑶草幻化成各种形态在尘世间游荡。她到处为人们排忧解难，救死扶伤。这美丽的故事一传十，十传百，巫山周边有神女的传说就流传了开来。

据传，当年大禹奉命治理洪水，来到巴蜀，就遇见了瑶姬。

大禹一路修山通河，不日就到了巫山脚下。其时巫山正在发洪水，大禹准备修渠泄洪，不承想触怒了一只在巫山上潜修了多年的蛤蟆精。

俗话说，强龙不压地头蛇。

大禹人生地不熟，被蛤蟆精折腾得不轻，修渠工作也无法顺利进行。

无奈之际，当地的人告诉大禹，这里有个神女，特别喜欢乐于助人。大禹一听，还有这样的好人，便赶紧前去求助。

瑶姬本身就是一个乐于助人的典型，一听说大禹治水是为了百姓苍生，赶紧传授大禹治蛤蟆精的法术，并赠给他一本能够防风治水的天书，帮助他制伏了蛤蟆精，同时还止住了飓风。

之后，瑶姬又派遣侍臣将巫山炸开一条峡道，令洪水经巫峡从巴蜀境内流出，涌入大江。为了永绝水患，瑶姬还化身神女峰，永生永世看护这片土地上的人民。

在千年之后的战国时期，关于瑶姬的传说又达到了一个极致。

故事要从楚怀王游历三峡时说起。

楚怀王到三峡地区狩猎，一路上奔波劳顿，便在临时的行宫——高唐馆中小憩。睡梦中，他隐约听到有音乐声响起，还闻到不时飘来阵阵奇香。他睁开眼，只见四周祥云弥漫，异彩纷呈。更奇妙的是，他竟看到一个国色天香的女子袅袅婷婷，款款而来。

这女子大大方方地来到楚怀王面前，对他说："我是炎帝的女儿，名叫瑶姬，没有成亲就亡故了，被埋在巫山南坡。今天特地前来与你相会。"楚王见她禀天地阴阳造化之妙，含有天地间一切之美，顿时心生爱慕，遂与她留下了一段风流佳话。

次日，楚怀王恍然梦醒时，他怀疑这只是一场梦，可是这时分明又飘来一阵香气，正是昨晚闻到的异香，方才明白那不是梦。

楚怀王不能忘怀瑶姬，便带人到巫山中去寻找她。到了巫山，他听当地的人说，山上的神女峰正是神女所化。楚怀王仰首观瞻神女峰，但见其上达于天，下入于渊，茂如苍松，美若姣姬。楚怀王慨叹不已，只好在巫山临江一侧修筑楼阁，阁名“朝云”，以示对瑶姬的怀念。

多年以后，楚襄王游高唐，而襄王却没有楚怀王那样好的运气了。

在襄王的梦里，神女圣洁不可侵犯，贞亮清洁，意态高远，以礼自持，凛然难犯。神女坚贞洁清，表现出对襄王实难相从。她委婉地把襄王规劝一番，高雅的谈吐如嗅兰草。最终，欢情未接，将辞而去。

第 16 弹

鲧：大禹治水的反面教材

上古时期，洪水滔天，黎民百姓苦不堪言，他们只能寄希望于英雄的拯救。

发生于尧舜时期的大洪水，曾让这两位英明的君主夙夜忧叹，他们先后派出鲧、禹父子二人治水。

尧帝英明神武，二十岁出头就取代了帝挚成为天子；后来在群雄争霸的乱世，尧帝团结亲族，联合友邦，征讨四夷，统一华夏，被推举为部落联盟首领。

某个艳阳天，街口茅棚外有几个老头正在晒太阳，其中几个一边捉头上的虱子，一边称赞尧帝的盛名，聊着聊着，就看见远远地一群野兽飞奔而来。老头们很是惊诧，朗朗乾坤怎么会有野兽？情急之下，几个老头顺手抄起茅棚外的长矛准备御敌。

奇怪的是，猛兽们压根没理会他们。

那些梼杌、夔、犀渠轻巧迅猛地绕过他们跑向远处的山顶。老头们大惑不解，懂兽语的老张头对着奔跑的野兽群大喊一声："噫嘘嘻！吼嗟擦？"翻译过来意思是："你们慌里慌张的是要去奔丧吗？"

跑在最后的是一头犀渠，平日素来喜吃人肉，它回头看了一眼老张头，呼哧带喘地张开大口：“吼！吗哩呗呗！”

几个老头睁大眼睛，等着老张头翻译。

“不好！发大水了！”

等老张头喊出这句话时，漫天的洪水已淹没了整个部落。

几个老头的命运暂且按下不表。

由于洪水泛滥，人民苦不堪言。最要命的是，生活在北方的人还没学会游泳，人们待在木筏子上，行动极为不便。山林中到处是沼泽，野兽也不像原来那么好对付了。

对于老张头的儿子小张来说，这要命的洪水不仅夺走了他老爹，还夺走了他老婆，而如今自己也只能待在木筏子上。看着水中自己狼狈的样子，他不禁怒火中烧，大言不惭地骂道：“尧！你个昏君！”这句话搁到后来就是大逆不道。

好话不出门，坏话传千里。这句话像长了翅膀传到国都。其时，国都早已经人心惶惶，只是大家本就身处雷泽，很多人识水性，再加上有木筏做交通工具，所以还算能勉强度日。

这话传到尧耳朵里时，他正在一棵大树前回忆自己的光辉岁月。

想当年，天上有十个太阳，烈日炎炎，人们几乎要变成烤乳猪，是他命令羿射下其中的九个，这才使人们免遭“烧烤”之灾。现在忽然又来了水患，而治下的人民里竟然有人敢骂他是昏君。想到这里，尧不禁一阵心悸和无奈，但眼下并不是和那个喊话的人理论的时候，最要紧的是想办法治住这滔天的洪水，这样谣言自会止于智者。

尧立即召开御前会议，问：“嗟，四岳，汤汤洪水滔天，浩浩怀山襄陵，下民其忧，有能使治者否？”众人你看看我，我看看你，大家异口同声道：“鲧！”

旨意传来时，鲧正在一个大土坡前研究治水的方略。

这些时日，按照他的理论，雷泽被分成大大小小的湖泊。身处中下游地区的鲧，对上游来的洪水采取围堵的方法，倒也见了些成效。如今既然有圣主召唤，鲧自当尽心竭力。

经过一番争辩，虽然有人对鲧的堵塞之法提出了疑问，但并没有拿出切实可行的解决方案，而且当务之急就是把水治好，尧立即准了鲧的建议，命令他带五百壮丁前去上游治水。

鲧回到家中，辞别妻儿。十几岁的禹正在自己的茅棚外挖一条沟，茅棚里的水正咕咕地往外流。鲧抢过禹手中的工具，把他挖的地方又填上。禹不解，说这样水不就流出去了。

“率土之滨，莫非王土，流哪里不是一样？”鲧生硬而粗暴地答道。

无法求证这一幕到底对多年之后禹采取疏导的方式治水有何影响，但此时在鲧的眼里，大海还是一个遥不可及的存在。

鲧带着五百勇士，用了九年时间，四处围堵洪水。为了平息水患，鲧甚至冒险偷了息壤，水患暂时得以平息。但无奈水势滔天，生生不息的神土也无法阻止洪水的肆虐，最终，鲧的堵塞之法功亏一篑，黎民百姓苦不堪言，尧勃然大怒，将鲧赐死于羽山。

传说，鲧死之后，他的尸体化为黄熊，后入于羽渊 。

鲧死之后，舜帝起用禹，禹采取疏导之法，终于使滔天的洪水归于百川，然后百川入海，天下太平。

第 17 弹

无支祁：让大禹都为之头疼的妖猴

中国上古神话中，不乏英雄战水怪的故事。

鲧堵塞之法未见成效。他的儿子禹反其道而行，采取疏导之法，披肝沥胆，三过家门而不入，历经十三载，最终把洪水东引入海。

故事还原到上古某日，大禹来到淮河流域桐柏山。

桐柏山地势险峻，山林环绕，沟壑纵横，部族众多。大禹紧急召开各部落领袖会议，在会上力排众议推行和父亲相反的疏导之法。

鸿蒙氏、商章氏、兜卢氏、犁娄氏等部落酋长，你看看我，我看看你，既没有表示反对，也没有表示同意，会议在一种尴尬的沉默气氛里僵持着。

这沉默让大禹上火。

他从北方一路疏导至淮河，没日没夜，殚精竭虑，借助天神和当地部族的支持，眼看就要功成，现在到了中下游，却遭到酋长们的冷遇。

沉思良久，大禹准备先收拾一个软柿子，以儆效尤。他用威仪的眼神环顾四周，发现兜卢氏眼神闪烁，正准备吆喝左右将其拿下，谁知这时兜卢氏举手要发言。

舜帝时期，广开言路，不以言治罪，所以大禹只好先摁住胸中怒火，冲兜卢氏摆了摆手，示意他发言。

兜卢氏的发言简练而有力，不是他们不愿意听从大禹的调遣，只是淮河这一片儿，他们说了不算，淮河还有一个更大的地头蛇，叫无支祁。

依照兜卢氏的描述，无支祁的体型像猿猴，塌鼻子，凸额头，白头青身，火眼金睛，头颈长达百尺，力气超过九头大象。

大禹治水以来，一路斩龙降妖，逢山开路，遇水搭桥，什么场面没见过，兜卢氏刚才讲的无支祁，他觉得也不过尔尔。

等兜卢氏发完言，大禹冷笑一声："兵熊熊一个，将熊熊一窝，且让我去会一会那无支祁，看它到底有甚通天本领？"

既然大禹这么有把握，众酋长只好带他来到淮水河边。

上游的洪水一路沿着大禹疏通的河道而下，到了江淮之后，便成了四散开泛之状。连年的淤积让淮河水流不畅，淮水漫过河沿，两岸杂草丛生，荆棘遍布，水漫之处，任何庄稼都种不了，除此之外，还有无支祁作怪，当地百姓不堪其扰。

大禹站在淮河边，河水潺潺，波澜不惊，不像众人说的那般凶险。大禹冲着淮河大吼一声："何方妖孽,竟敢在此啸居,阻挡我治水大计？"

吼完之后，河水依旧潺潺，波澜仍然不惊。

又等了一会儿，还是没有任何动静，大禹就有点生气，以为众人糊弄他，正要转身发飙。刚才会议上发言的兜卢氏走过来，附在大禹耳朵边说了一句。

大禹忽然脸红了，因为兜卢氏出的主意太馊。脸红之后，大禹还是照做了，当即对着淮河撒了一泡尿。

这一泡尿不要紧，霎时间，刚刚还水波不兴的淮河忽然妖风骤起，晴朗的天阴沉下来，近处的树林沙沙作响，飞沙走石迎面而来，众酋长赶紧躲了起来，偌大的河岸上只剩下大禹一个人。

久经战阵的大禹屹立在河岸之上，沐浴着妖风，一点也紧张。不一会儿工夫，一个巨大的身影朝大禹走来，它身后黑压压一片虾兵蟹将。

大禹紧握手中的斧子，一场恶战似乎一触即发。

诸位可不要小看了大禹手中的这把有点豁口的斧头，它看似简陋，其实是一件神器，据说由五金冶炼，取天外陨铁混合打造，锋利坚韧，拥有开山填海之威力。

那个巨大的身影越走越近，大禹定睛细瞧，这妖怪与刚才兜卢氏所言一样，猿猴一般的脸上镶着一个塌鼻子，走起路来左摇右晃，煞是可笑。

大禹强忍住笑，刀兵相向之前，准备以礼服妖。

“咻！”大禹刚张了一下口，就被无支祁打断了。无支祁面目狰狞着大吼，虽然夹带了浓重的地方口音，但走南闯北的大禹还是听出了它的意思：“小子，你是嫌弃我盖世的容颜吗？”

大禹终于忍不住笑出声来，边笑边解释，官方的发音标准而清晰：“我奉天子之命治水，来到贵宝地，希望你本着为天下苍生着想的原则，通融一下，大家齐心合力共同把淮河治理好。”

这套邦交辞令堪称典范，既体现了舜帝宽宥治国的方略，又能够拉拢荒蛮妖族。

谁知道无支祁听完之后，面目狰狞无比，它仰天长啸，瞬时之间，狂风大作，电闪雷鸣，淮河涌起一丈多高的巨浪，劈头盖脸地朝大禹扑来。

下意识地，大禹拿斧头一挡，淮河水携带的泥沙虽然大部分被挡住，但还是有一部分溅到了大禹身上，少量泥沙竟然溅到了大禹的眼睛里。

大禹怒不可遏，抡起斧头朝无支祁砍来。

狡猾的无支祁却不恋战，转身跳进淮河之中，身后黑压压的虾兵蟹将也转瞬不见了，偌大的淮河岸，又只剩下大禹爷一人。

刚刚交战之际躲起来的那些部落首领见战事告一段落，又纷纷露头，拉着大禹回到驻地，吩咐人给大禹换了一身干净衣服，准备规劝大禹不要再与那无支祁作对。

大禹忍无可忍，终于发飙："我是来替你们解决水患的，你们这样包庇无支祁，意欲何为？"

几个酋长，你看看我，我看看你，又陷入了可怕的沉默。

其实也怪不得各位酋长，那无支祁本就是淮河一霸，啸聚此地多年，大禹来之前，众部族平日以香火换和平，相处倒还算融洽。此刻大禹奉天子命，治理水患，他们自然不敢违抗，但是要他们与无支祁这等怪物作对，也是万万不可能的。

于是除了沉默，唯有沉默。

"好吧！既然尔等如此怯战，也不要在这里碍眼。"大禹心说，"让我行法术招来诸神收拾那无支祁。"打定主意，大禹命人把鸿蒙氏、商章氏、兜卢氏、犁娄氏等部落首领统统囚禁。

兜卢氏被囚禁时，有一番肺腑之言给大禹，说不是他们刻意包庇无支祁，而是这水怪能言善辩，搞得各部落之间面和心不和，而且它水性极佳，性情暴烈又身强力壮，采用蜜糖加大棒的战术，这么多年，大家已经被收拾怕了。

阅历丰富、战绩辉煌、心系天下苍生的大禹懒得听他啰嗦。

诸神听了大禹的召唤，前来助阵，大家又齐聚淮河岸边，双方在桐柏山下展开恶战。

经过上次照面，无支祁准备得很充分，开战之后，它凭着自己对周围地势和水势的了解，先后打败了童律和乌木由。大禹站在淮河岸上，眼见无支祁一会儿在水中，一会儿在陆地上，搏击跳跃，甚难搞定。

大禹一看，无支祁确有些功夫，便只好请神将庚辰出战。

说起庚辰，他可是一位威力超强的天神，据说当年在西王母的女儿云华夫人身边做侍卫。大禹能够请得动他，得益于当年和云华夫人的一面之缘。

庚辰出战，三下五除二就擒获了无支祁。

桓胡、水灵、山妖、石怪等数以千计的妖怪，看到无支祁被捉，叫喊着冲上来，想要抢走无支祁。庚辰挥舞手中方天戟，又是三下五除二，把这群乌合之众收拾殆尽。

虽擒住了无支祁，但像这等水怪，肯定修行不浅。作为千百年来的第一奇妖，无支祁在当地百姓心中已经具备了“神”的潜质，大禹也不好随意杀戮，但放它归山，肯定又会殃及百姓。

思前想后，大禹命人造了一条超级大的铁锁链，捆住了无支祁的脖子，捆完之后，又怕它逃脱，便在它塌陷的鼻孔那里打了个洞，穿上铃铛，这样一来，万一它有小动作，铃铛叮当作响，立即就会被发现。

一切收拾妥当，为了消除当地各部落族人的恐惧，大禹把无支祁压在淮河边上的龟山脚下，又把各部落的首领统统放了出来。

重获自由的鸿蒙氏、商章氏、兜卢氏、犁娄氏等人，终于领教了大禹的威力，回去之后，纷纷发动自己部落的民众，大家众志成城、齐心协力，没多久便打通了淮水。

第 18 弹

相柳：长了九个脑袋的凶神

上古神话里，凶神是一个永恒的主题。

它们个个形状怪异、神力强悍、叱咤风云。作为与正神对立的存在，凶神总是给人无限的遐想。

凶神被描写得无比恐怖与丑陋，有时它们甚至不用武力，靠颜值也能吓死人。

有关凶神的来源，可能源于古时候人们认识自然的能力有限，对自然界中一些奇形怪状的物种和自然现象缺乏正确的认知，进而产生恐惧，所以通通把它们定义为凶神。还有一种情况，在原始社会，部落之间会有冲突和斗争，部落统治者从利益出发，将对手部落的首领或图腾等异化为凶神，进而调动部落族人的情绪，方便管理。

相柳便是上古时期的凶神之一，相传它曾是共工的部下。

民间不少九头蛇的故事，大多起源于相柳。

希腊神话里也有一个与相柳相似的九头蛇怪，名叫海德拉。相传它被斩断一颗头，立刻又会生出两颗头来。它作恶多端，人神共愤。最后，赫拉克勒斯运用智慧，成功地击败了海德拉。

一般来说，这些形状怪异的凶神，代表的都是邪恶的力量，它们的存在就是为英雄作背书的。

想当年，大禹治水，造坝修堤，疏导河水东流入海。治水工程本来进行得很顺利，可偏偏这个时候，凶神相柳却出来作祟。

《山海经·大荒北经》是这么描写相柳的：“九首蛇身，自环，食于九土；其所歍所尼，即为源泽，不辛乃苦，百兽莫能处。”

相柳长着九个脑袋，身子像蛇一样自相缠绕成一团，贪婪地霸占了九座神山，以供其食用。霸占山头也就罢了，它还口吐臭气难闻的水柱。那些臭气熏天的水柱形成沼泽，百兽都不敢靠近，更别说黎民百姓了。

相柳的恶行传到大禹耳朵里，眼看自己造的堤坝被毁，河道中洪水重新泛滥成灾，沿岸的土地又变成沼泽，大禹怒不可遏！

大禹吩咐手下：“快去查相柳的来历！”

手下早已做好功课：“报！那相柳本是共工的跟班，共工被您老打败之后，它便独自出来作乱。”

大禹为什么要查相柳的来历呢？

原来，在治水的过程中，大禹也总结了一些经验：凡是背景深的凶神恶怪，任你怎么杀也杀不死，只能采取囚禁之法；如果来历不深，那就好办了，杀了便是。

查清了相柳的来历，大禹心中有数了，尽可诛杀之。

九头蛇相柳果然道行不深，三下五除二便被斩杀，也没有再复活作乱。可是它的血奇臭无比、腥气熏天，污血所至，寸草不生。相柳被杀之处变成了一片腥臭的沼泽，周围的百姓苦不堪言。

《山海经》载：“其血腥臭，不可生谷，其地多水，不可居也。禹湮之，三仞三沮，乃以为池，群帝因是以为台，在昆仑之北。”

这下又轮到大禹头疼了，本来他治水是为了还土于民，让人民安居乐业；诛杀相柳也是为了还土于民，可结果却是，相柳血染之处寸草不生，这有违他的初衷。

大禹派人向沼泽里垫了三次土，可每次都沉陷下去。垫土不行，大禹便在诛杀相柳的地方挖了一个大池塘，并用所挖的淤泥在池塘边修筑了几座高台。

修高台干什么呢？

祭神。

于是，诛杀相柳之处就成了后来祭神的五帝台（今河北省沧州市境内）。

第 19 弹

人类的祖先是一只鸟？

《诗经》曰：“天命玄鸟，降而生商。”

历史上，商族本是东夷的旁支。

上古时候，在原始的古老宗教里诞生了图腾崇拜。

这种崇拜模式，就是将一个氏族的产生和某种具有灵性的动物或植物建立联系，认为自己的祖先和它们存在着血缘关系，进而把它们神化，作为自己部落的保护神。

已经出土发掘的商代甲骨文中有大量的鸟图腾，一些卜辞上专门记载了商王对高祖王亥的祷告或是祭祀，上面均加一鸟形。

作为黄河中下游的部落之一，商族本是帝喾高辛氏后裔，怎么又跟玄鸟扯上关系了呢？

在很遥远的古代，黄河之滨生活着很多原始部落，这些部落并不是标识分明，大家几乎是杂居的状态。

部落里流传着玄鸟的神奇故事。

那么，何为玄鸟呢？

有的说是燕子，有的说是雄鸡，还有的说是流星。但在远古，它被称为是天的使者，据说玄鸟出现的地方，人民安居乐业，年岁风调雨顺，鬼魅不再作祟。所以人们对玄鸟充满了膜拜，把它视作吉祥的象征。

一日，部落里有一个叫简狄的女人，在黄河滩上捡到一枚“玄鸟”蛋，吞服之后竟然怀孕了，不久便生下一个儿子，起名曰契。

契长大后，帮助禹治水有功，帝舜封其为司徒，并把商地分封给他，商部族开始形成和发展。《史记·殷本纪》载:“契兴于唐虞大禹之际……契长佐禹治水有功，帝舜仍命契为司徒。”

为什么要把自己的祖先说成是吞服玄鸟蛋所生呢？

这里有一个常识问题，原始社会早期还是母系氏族，很多人都不记得自己的父亲是谁，而古人的图腾崇拜生育信仰里有卵生信仰，他们认为蛋是生命的最高表现形式。商后人在查找自己祖先的来历时，所有的线索都指向玄鸟，当然会做此结论。

而作为玄鸟的后代，契果然不负众望。他在自己的时代发明了以火纪时的历法，为中国古老的天文学做出了重要贡献。契还曾在他的居住地商丘做火正（掌火官），他呕心沥血，深受人民的爱戴，故中国民间尊他为“火神”。

第 20 弹

四方神是哪四位?

上古时期，天下是个很笼统的概念。

普天之下，莫非王土。从炎黄到尧舜禹，这些亦人亦神的大统领其实对自己的疆域并没有一个确切的概念。天下很大，总要有人镇守，四方神便是替他们镇守四方的上古天神。

一提起四方神，很多人都知道青龙、白虎、朱雀、玄武。实际上，这四个神兽和上古的四方神不是一回事。南朱雀、北玄武、东青龙、西白虎这个说法起源于道教，道教是在汉朝时期才有的，而最早记录上古四方神的典籍是《山海经》，所以从时间上很容易推算，上古四方神的出现要早于镇守四方的神兽。

上古四方神具体是哪四位呢？

《山海经》记载，他们分别是东方木神句芒、南方火神祝融、西方金神蓐收、北方海神禺强。

东方木神句芒据说是少昊的儿子。他的长相很奇特，鸟身人面。句芒的交通工具也很独特，他出行必骑两条龙。现在一些年画上还有他的形象，不过这时的他已经变成了骑牛的牧童，头有双髻，手执柳鞭。

《淮南子》载："东方，木也，其帝太皞，其佐句芒，执规而治春；

其神为岁星，其兽苍龙，其音角，其日甲乙。”（东方是木行，它的天帝是太皞，辅佐大臣是句芒，句芒执规尺而治理春季。东方的守护神是岁星，守护神兽是苍龙，它代表的音是角音，日干用的是甲乙。）

东方是太阳升起的地方，作为镇守东方的神仙，句芒在古代的地位非常重要。每年春祭的时候，人们都要虔诚地祈求句芒保佑山川草木能够茁壮成长。

镇守南方的是火神祝融。随着我们“祝融号”火星车成功着陆火星，火神祝融被大家所熟知。据史料载，祝融是我国原始社会末期最著名的氏族首领之一。据说他是黄帝后裔高阳氏的玄孙。在帝喾高辛氏时，祝融任火正。他以火施教，为民造福。

《山海经》载：“南方祝融，兽身人面，乘两龙。”（南方的祝融，长着野兽的身体和人的脸，出行时脚踏两龙。）

《幼学琼林 · 岁时》载：“南方之神曰祝融，居离而司夏，丙丁属火，火则旺于夏，其色赤，故夏帝曰赤帝。”（掌管南方的神是祝融，居离位而掌管着夏天。离属火，火旺于夏色赤，所以又称为赤帝。）

正午，太阳高悬于正南之天。烈日炎炎，火神祝融镇守南方再合适不过。

镇守西方的是金神蓐收。作为上古神话的西方之神，蓐收同时还是秋神、刑神。有关他的形象，《山海经》载：“西方蓐收，左耳有蛇，乘两龙。”（西方的蓐收，左耳上挂着一条蛇，出行时脚踏两龙。）

《淮南子 · 时则训》载：“西方之极，自昆仑绝流沙、沈羽，西至三危之国，石城金室，饮气之民，不死之野，少皞、蓐收之所司者，万二千里。”（西方最远的距离，从昆仑山穿过流沙河、弱水，向西到三危国，那里是石头为城、金属为屋的地方，居民以气为食而长生不死，是少皞、蓐收所管辖的地方，共一万二千里。)

镇守北方的禺强为传说中的海神、风神和瘟神。据说他是黄帝之孙。海神禺强统治北海，身体像鱼，但有人的手足，乘坐双头龙；还有一说，风神禺强字“玄冥”，是颛顼的大臣。

《山海经》载：“北海之渚中，有神，人面鸟身，珥两青蛇，践两赤蛇，名曰禺强。”（北海有个神，人面鸟身，耳挂两条青蛇，脚踏两条赤蛇，住在北海的岛上，名字叫禺强)

《庄子 · 大宗师》曰：“北海之神，名曰禺强，灵龟为之使。”（北海之神为禺强，灵龟可以被他使唤。)

随着星辰崇拜的发轫，朱雀、玄武、青龙、白虎逐渐取代了上古四方神。

第 21 弹

真武大帝起初竟是一只鳖?

笔者年轻时曾游历武当山，武当山的主神就是真武大帝。

真武大帝又称玄天大帝、玄武大帝等，是道教神仙中赫赫有名的玉京尊神。

在道教的描述中，真武大帝的形象是披着长发，穿着黑衣，身披金甲，腰缠玉带，仗剑怒目，顶罩圆光，可谓是相当勇武。

在最初的星辰崇拜中，玄武只是作为四方守护神之一的形象出现。在星辰崇拜里，他和青龙、白虎、朱雀并列。但是，随着历代帝王的尊崇，玄武大帝逐渐变得重要起来。

隋唐时，道教出现了四圣真君：天蓬元帅、天猷元帅、真武将军、黑煞将军。此真武将军便是真武大帝的前身。

唐宋时期，朝野都极为信奉道教，真武便屡次受到敕封，各地也陆续兴建了许多供奉真武大帝的庙宇、宫观。

唐宋之后，道教根据“北方黑帝，体为玄武”之说，将真武大帝尊为掌管北方天界的重要神祇，号曰“佑圣真武天尊”“荡魔天尊”“祖师北极真武玄天仁威上帝”。

明朝初年，燕王朱棣发动“靖难之变”，将侄子建文帝赶下台，自己坐上了皇位。传说，在燕王从北方起兵往南攻打的时候，许多战役的胜利都曾得到真武大帝显灵相助。

既受其助，便感其恩。朱棣登基成为永乐帝之后，当即下诏敕封真武为“北极镇天真武玄天上帝”。

永乐十年，朱棣又命隆平侯张信督造玄武庙。得了圣旨，张信率军民二十余万在武当山天柱峰顶修建了一座专门供奉真武大帝神像的金殿。

皇帝都信奉，老百姓就更不用说，随之而来的，就是民间纷纷大肆修建真武庙。至此，真武大帝的香火达到了鼎盛，人们对其的信奉程度也达到了顶峰。

真武大帝在民间的封神之路日趋白热化。那么，真武这个神仙究竟是从哪里来的呢？

一个说法是，真武是由天地之神变化而来的，呈男女拥抱相，又化为蛇龟拥抱相，由原来的恋爱之神变幻为战斗之神。

还有一个说法，真武是大禹的父亲——水神鲧。

鲧原来是一个部落的首长，死后化为三足鳖，鳖后来成为其部落的图腾。鲧的妻子，叫修已，修已即修蛇，鲧为鳖，其妻为蛇，正是龟蛇相交。后世发现的玄武图中龟蛇交尾的形象佐证了这个说法。

除此之外，关于真武的来历还有四五个版本。

一说，真武本是黑帝，后来经过修炼，才转化为神的。

一说，玄武本为元始的化身，投胎为净乐国王子。他却放着好好的王位不做，跑去修炼道法，最终功成升仙，被玉帝敕封为“玄天上帝”。

一说，隋炀帝时，玉帝把自己的三魂之一，化身投胎到净乐国皇后之身，转世之后的他厌倦尘世，舍位入武当山修行，后来功成飞升，镇守北方，号曰玄武。

…………

其实不论是天地之神，还是自我修炼成神，这些本身已经不重要了。重要的是，无论民间还是官方，都对他的存在高山仰止，深信不疑。至于流传的不同版本，无非是时代不同，受众不同，解释不同而已。

从历史角度分析，从真武的由来到后期的演变，我们大致可以看出，其身份的转变与人们的星宿崇拜和动物崇拜有关。

先说星宿崇拜，玄武为四象之一。四象就是我们常说的：青龙、白虎、朱雀、玄武。北方的玄武就是龟形。

到了春秋时期，五方配五色的说法开始流行，四象便被配以颜色。

随着社会的发展以及人们对星辰观察的深入，我们的祖先也渐渐总结出一些和星辰有关的规律。这种发现令他们更加着迷，于是他们开始利用这些星辰知识来确定方位和测算时节。

人们后来发现，这种方法还挺靠谱啊，于是星辰崇拜就产生了。随着文明的进步，神话也发生了演变，玄武从星辰之神演变成动物之神，最终又变成了人格化的神。

从星辰崇拜到人格化神，这是中国民间造神的一条重要道路，中国许多神仙也是由此而来。

还有一个有意思的现象，我们总是真武、玄武傻傻分不清楚，其实玄武是真武最初的叫法，后来为了避讳宋真宗所立“圣祖”赵玄朗的名讳，玄武才改叫真武。

宋人赵彦卫在《云麓漫钞》中记载：“祥符（宋真宗年号）间避圣祖讳，始改玄武为真武。”有关此说，《明史》亦有记载。

第 22 弹

神仙斗法也讲究先下手为强

在中国的神话体系里，有这么一位提倡先下手为强的神仙，他就是广成子。

广成子是一个非常具有传奇色彩的神仙。据传当年轩辕黄帝曾经来到崆峒山问道于他，见面就说："听说你是个知晓万物之理的神仙，那么就请你告诉我这万物的真谛吧。"

广成子不耐烦地回答："你看你把天下都治成这个乱样子了，居然还有工夫跑到我这里问道。"黄帝被呛得一愣一愣的。

下山之后，黄帝先把手头的政务都停了下来，而后闭门冥思，心里反复推敲广成子的那番话。

冥想了几个月之后，黄帝又来到崆峒山。

施礼之后，黄帝向广成子道："请你告诉我修身养性之道。"

广成子这次倒是很高兴，说道："很好。现在我就告诉你'道'的精髓。道之精髓，真是博大精深，永无穷尽，不可揣摩。"

黄帝问："那请问，如何才能得道呢？"

广成子答："想要得道也，必须保持精神的超脱和宁静，保持心灵的纯度，切不要因为琐事而劳神。"

这就是著名的黄帝问道广成子的故事。通过此番对话，广成子向黄帝传授了“治国为末，修身为本”的概念。

黄帝问道广成子的故事在古书中有很多记载。

战国《庄子 · 外篇 · 在宥》曰：“黄帝闻广成子在空同之上，故往见之，问以至道之要。”

晋代葛洪所著《神仙传 · 广成子》曰：“广成子者，古之仙人也。居崆峒之山，石室之中。黄帝闻而造焉。”

广成子的故事还出现在各种神话传说里。《封神演义》中，广成子是元始天尊的首席大弟子，也就是昆仑十二金仙之首。

广成子深受元始天尊的宠爱，他修行于九仙山桃源洞，曾收商太子殷郊为徒。

作为道家神话里一位响当当的大神，广成子还是一位著名的板砖高手。

他的法器之一番天印，专拍人脑门，无坚不摧。番天印不仅能拍死妖怪，还能拍死神仙，死在番天印之下的神仙就有好几位。

广成子还是名副其实的圣母杀手。

《封神演义》里一共出现的圣母有五个，被广成子拍死的就有两个，还有一个被他打回原形，战绩简直是杠杠的：在破金光阵之时，拍死了金光圣母；在佳梦关，又拍死了火灵圣母；桃花岭上，不仅打退了闻太师，还将龟灵圣母打回原形；诛仙阵前，又用番天印将多宝道人打了一个跟斗。

作为一本颇具文学性的书籍，《封神演义》里刻画的广成子先下手意识超强，用现在流行的话说就是：先下手为强，后下手遭殃。

其实，在传统的道家神话体系里，广成子作为黄帝的老师、道家的始祖，不仅法力高强，还一度曾是太上老君的化身。

《太上老君开天经》记载：“黄帝之时，老君下为师，号曰广成子。消自阴阳，作《道戒经》《道德经》。黄帝以来，始有君臣父子，尊卑以别，贵贱有殊。”（黄帝时期，太上老君下凡收黄帝为徒，自号广成子。他化用阴阳之道，作《道戒经》《道德经》。黄帝之后，才有了君臣父子等尊卑、贵贱的区分。）

中国的神仙也有岁数，据说广成子活了一千两百岁。

虽然后来他被奉为先下手为强的祖师爷，但如他回答黄帝时说的，道之本心，是教人向善的，不能全靠拍人打天下。而且，有关广成子的故事都发生上古时期，那时混沌初开，善恶不分。正所谓：非常时期，非常政策；菩萨心肠，金刚手段。

第 23 弹

“护短”的祖师爷是谁?

传统的道教在产生之初就有很多秩序，比如修道有先后、成仙有高下等。这些秩序虽然繁琐不堪，但因其满足了道教内部的稳定性而被后世的人广泛认可。

有关神仙的品次等级，最早有文字记载的应该是《太平经》。

此书把神仙分六等：一为神人，二为真人，三为仙人，四为道人，五为圣人，六为贤人。后来，这种等级分法一直延续了下来。

在各类神仙座次排行榜里，都能够看到这种秩序井然的排列。

作为一个《封神演义》中虚构的人物，太乙真人相传是为“清微派”的创始人。他自己又身兼清微派的教主，同时还是“玉虚十二仙”中唯一拥有“教主”之称的人物。

历史上，确有清微派。相传，其为道教的雷法派别，产生于唐末，成型于南宋。

清微派讲究内丹与符箓结合，也就是内功与理论并重。该道派自称符法、符箓出自清微天元始天尊之处，所以取名“清微”。《封神演义》中创造的太乙真人的原型就是来源于此。

那么作为神仙，太乙真人身上有什么显著的神格呢？笔者通读有关此仙人的记录，发现他最显著的神格就是：护犊子。

此说并非空穴来风。

话说哪吒本是灵珠子转世,当年元始天尊为他选师父可谓费尽心力。

既然是灵珠子转世，那身上肯定是有重大任务要去完成，所以给他找个有实力的靠山是必需的，可是只有实力还不行，因为哪吒生性顽劣，容易惹事，这个师父还必须能罩得住他才行。

元始天尊思来想去，综合考量，太乙真人就成了不二人选。

首先，太乙真人的武力值肯定没问题，太乙真人一身都是宝物，随便给灵珠子几个，就够他翻江倒海了；其次，在护犊子这一块儿，太乙真人相比元始天尊更是青出于蓝而胜于蓝。

说太乙真人和元始天尊相似也不是空穴来风：太乙真人是阐教中最早犯杀戒的大仙。

他不仅护犊子，还专业指导犊子们为非作歹。更加离谱的是，他甚至用激将之法让徒弟去弑父，与文殊菩萨下棋时，还故意放纵哪吒去追李靖。

在《封神演义》里发生的一切，也印证了元始天尊当初的决定是无比正确的。

话说，太乙真人刚收了哪吒为徒，这位大仙就开启了送宝连击：乾坤圈！混天绫！火尖枪！风火轮！

一大堆琳琅满目、功能超强的宝贝，他统统都赠予了这位爱徒。

这哪里是宠爱，这分明是宠溺！

一番狂送宝贝的操作之后，太乙真人还不放心自己的爱徒，害怕他行走江湖时吃亏，在许多次征战之前，他还提前为哪吒算命，占卜吉凶，甚至还友情提示哪吒与敌作战时才显露莲花化身（莲花身是哪吒死后，太乙真人给他量身定做的）即可。

后来哪吒中毒，太乙真人赶紧派金霞童子把哪吒接回，在乾元山好生照料。

哪吒伤势痊愈之后，太乙真人还特意留他在乾元山休假一段时间再出去杀伐征战。

后来，姜子牙请太乙真人下山一起破解截教的诛仙阵时，他还给哪吒敬酒三杯，并送火枣三颗。哪吒下山后，火枣刚好消化，在半路上变成三头六臂。太乙真人一看哪吒空着三只手，又传给他九龙神火罩、一对阴阳剑。

在他的加持之下，哪吒俨然变成一个百毒不侵的战斗机器。而太乙真人，也因其爱徒爱得不能自拔，被大家戏称为“护犊子真人”“宠徒狂魔”。

第 24 弹

申公豹居然真是豹子成精

中国有关神话的书籍不计其数，像《西游记》《封神演义》等都属于神话小说，它们所塑造的神话人物形象，在现实之中肯定不存在，但此中虚构的神仙又绝非无根之水。总而言之，这些神话人物大多是作者根据民间传说再创作而来的。

上一篇提到姜子牙，这里不得不提及的一个神话人物便是申公豹。

申公豹作为《封神演义》之中的虚拟人物，因信奉道教，后与姜子牙同拜于阐教圣人元始天尊门下，成为玉虚二代弟子之一，为姜子牙的师弟兼死对头。

申公豹的兵器是一把宝剑和开天珠，坐骑是白额虎，修有飞头术，我们经常看到他被砍了头还能自己把头放回去而不死。

电视剧里的申公豹总是不满师尊对自己的师兄姜子牙那么好，特别是看到师尊把至宝封神榜交给姜子牙保管，并将封神重任交托给姜子牙，他的嫉妒心油然而生。

他先是找姜子牙试图说服他共同助商，不成后索夺封神榜，被南极仙翁派白鹤童子教训，将其头颅衔走。

后来，申公豹又被师尊赶出阐教，他仍然不思悔改，多次怂恿截教门人攻打武王与姜子牙，并私自找姜子牙麻烦，甚至欲治其于死地。

被贬出玉虚宫之后，申公豹一生便与姜子牙为敌。为什么要与自己的师兄姜子牙为敌呢？他认为自己被贬与姜子牙有着直接的关系。这个梁子算是结下了，所以电视剧里我们常常看到，申公豹处处与姜子牙针锋相对。

从性格上分析，申公豹巧言善辩，尤其擅长鼓动截教的仙家，利用信息不对称的优势，通过帮助商纣王来实现自己的人生理想。

申公豹无视纣王的暴虐，经常游说三山五岳的同门和能人异士助商伐周，全力维护商王朝统治。大批仙家高人在他的唆使下开始对付姜子牙，给西岐伐纣造成了巨大的困难。

但坏人是不会成功的。他的计划屡被姜子牙破坏，为了报复姜子牙，他又屡施诡计，但这些阴谋诡计一一被姜子牙破解。到最后，申公豹被惧留孙以捆仙绳擒住，被黄巾力士押去麒麟崖，元始天尊命黄巾力士将申公豹的肉身填堵北海之眼，他的故事至此告一段落。

作为另类大反派，武王伐纣成功之后，申公豹在封神台上被姜子牙封为“东海分水将军”。

申公豹是昆仑山上的异类。在玉虚宫众多的弟子之中，他是直接的背叛者。那么，作为玉虚宫最早修行的一拨徒弟，申公豹的原身到底是人还是兽呢？

我过去听老人们谈论封神榜时，一提到申公豹，就说这是个豹子成精。我当时只是一笑而过，以为这和说法海是蛤蟆精一样纯属民间的偏见，但后来重读姜子牙拿到封神榜下昆仑那一段时，我发现这种说法并非毫无依据。

申公豹自称有几千年的修为，这虽然有点夸张，但我接着就发现姜子牙自己也承认修为年份不及师弟申公豹。

这里就出现了一个很怪诞的现象：按照常理，姜子牙作为师兄，修行年份应该比师弟长，为何申公豹的修行年份会比师兄长呢？

我们结合大量的民间传说，和申公豹自己的描述，可以大致推断：当时申公豹并不是以“人”身进行修炼的，在很早很早以前，他是以豹子身偷偷修炼的。从他的最厉害的被砍了头还可以活过来的技术来推断，也确实不像正道人士的修行之道。所以很有可能，申公豹的法术来源并非全是玉虚宫。在他还是一只豹子的时候，已经偷偷学了不少旁门左道的手段。

第 25 弹

道行天尊果然有点道行

在中国的传统神话里，天尊的地位很高。

一般天尊都是管辖一方的超级大仙，天尊之下还有许多金仙，天尊上边还有大天尊，这些神仙的等级尤其森严。

由于民间传说的混乱，我们读到的许多神仙的排名大多出自神话小说。当然了，神话小说中神仙的来源也是作者整合民间传说并加以改编而来。

《封神演义》在给阐教十二金仙取名字的时候，就秉持着三个原则。一是在道教历史上赫赫有名的神仙，直接用原来的名字，像广成子、赤精子等等；二是从佛教中过来的神话人物，在取名时就会稍作改动，比如文殊菩萨叫文殊广法天尊，观音菩萨改叫普贤真人，这些神仙虽然叫法不同，但指的是同一人物；三是作者原创的神仙，根据剧情需要来取名，像黄龙真人、道行天尊等。

道行天尊是元始天尊的第十一位弟子，修行于玉庭山。他有三个徒弟，其中两个徒弟都被燃灯道人送到十绝阵，很快就牺牲了。

作为天尊级别的神仙，道行天尊的战绩非常少。战绩少不等于战力弱，据传他的法力和悟性都是顶级的。其徒弟韦护强悍的战斗力便是他法力的体现。

在后来改编的影视剧中，道行天尊的台词不多，出场也很少。他的最重要的表现就是在万仙阵中，其时，广成子祭起诛仙剑，赤精子祭起戳仙剑，道行天尊祭起陷仙剑，玉鼎真人祭起绝仙剑，瞬间数道黑气笼罩了万仙阵，但凡封神榜上有名号者，就如同砍瓜切菜一样，被一一收拾。能与其他三个金仙相媲美，道行天尊的实力可见一斑。

虽然是《封神演义》中虚拟的神仙，出场戏份也不太多，但道行天尊却是小说中不可或缺的存在。神话小说就是这样，一些看似可有可无的神仙在黑暗中蹲着，但个个手里都拿着可以一击致命的宝贝。

第 26 弹

五斗米教是谁创的?

道教是我国土生土长的宗教。自它创立之初，便很注重拿捏统治阶级和人民群众之间的关系，所以它才得以在漫长的历史长河中留存下来。

道教中有很多著名的人物对道教的产生和发展影响深远，正是有了他们的推动，道教才一步一步发展至今。

在道教产生之前，老子的道家学说已经流行，当时人们把它叫“黄老道”。道教正是在黄老学说的基础上产生的。到了东汉时期，张道陵创立了五斗米教，它便是道教的雏形。

张道陵生于江苏，其父张大顺素来喜好追寻神仙之术，自称“桐柏真人”。

张道陵自幼便聪颖博闻，七岁便能通读《道德经》，这为他日后创立五斗米教奠定下了良好的基础。

二十六岁时，张道陵曾去重庆做官，但这与他性格不符，遂辞官隐居于洛阳北邙山。他常常叹息儒学之书无法根本解决人的生死问题，所以很早就弃儒改学长生之术。

随着张道陵的名声日盛，朝廷开始想方设法拉拢他。

据载，汉章帝、汉和帝先后征召其为太傅、冀县侯等职，张均辞。

辞官之后，专心修道的张道陵开始了漫长的游历。他一边游历一边和弟子探讨黄老学说，用现在的话说，就是理论用于实践。

张道陵和弟子一行先是到了淮河，后又渡江南下到了云锦山。

云锦山景色秀丽，仙气缭绕，张道陵一看，果然是上风上水之地，便在此隐居炼丹。相传，历经三年，神丹终于炼成，山上出现龙虎之象，所以便把此山叫龙虎山。

后来张道陵六十岁时，又听闻蜀中民风淳厚，便去四川鹤鸣山隐居。

相传汉顺帝汉安元年正月十五日，太上老君降临蜀地，亲授张道陵正一盟威之道，嘱其扫除妖魔，救护生民。张道陵就此创立了道教，尊老子为教祖。

据说张道陵活了一百二十三岁。

唐玄宗时期，因为皇室崇尚老庄之学，张道陵被册赠为“太师”。

其后，他又被历代皇帝敕封为“三天扶教大法师”“正一靖应真君”“三天扶教辅元大法师”“正一冲玄神化静应显佑真君”“六合无穷高明上帝”等。随着道教的发展壮大，张天师的名号越来越多。

传说东汉顺帝年间某夜，太上老君降临在张道陵住的地方，授给他雌雄剑和许多符箓，要他诛灭横行四川的六大魔王、八大鬼帅。张道陵精修千日，终于练成了种种降魔的法术。

张道陵为天师派第一代天师，所以在道教中被尊为祖天师。

天师职位的继承采用世袭嗣教制度，祖天师化去后，由张道陵的儿子张衡接任，史称嗣天师。张衡化去后，又由其子张鲁接任，是为系天师。到了第四代张盛时，回迁江西鹰潭龙虎山，子孙世传其业，一般称第几代天师，统称张天师。

第 27 弹

是谁打造的神仙等级制?

神仙世界其实是人类世界的投影。

从原始社会一直到封建时代，统治阶级把人分为三六九等，并通过迷信的方式麻痹民众，让人们相信君权神授。

在每一个朝代，普罗大众的朴素愿望就是衣食住行无忧，他们并不觊觎王权，也不贪恋大富贵。可是，一旦社会到了连这些基本生存条件都无法满足时，大动荡便应时而生。

回看历史，我们可以清楚地看到，几乎每一次大动荡都起源于社会资源的匮乏或者分配的严重不均。每逢变局，统治阶级不愿退出历史，便又搬出旧时的那一套三六九等论，企图苟延残喘。

既然神仙世界是人类世界的投影，那么神仙也自然有高下之分。

早期的道教把神仙分为六等，一为神人，主天；二为真人，主地；三为仙人，主风雨；四为道人，主吉凶；五为圣人，主治百姓；六为贤人，辅助圣人治理万民。

东晋道教理论家、著名炼丹家和医药学家，世称小仙翁的葛洪把仙分为三等，即：天仙，地仙和尸解仙。他在著作中说："上士举形升虚，谓之天仙；中士游于名山，谓之地仙；下士先死后蜕，谓之尸解仙。”

有意思的是，葛洪还像科学家一样用经验、比附、归纳等方法证明了神仙的存在。在与质疑此说的人进行辩论时，他经常用到的一个方法就是悖论法：你没见过神仙，并不等于神仙不存在。这就像说你没见过外星人，但并不能证明外星人就不存一样，搞得你还不知道从哪辩驳。

随着宗教的融合、发展和兴盛，到了唐朝，人们又把神仙分为五类，在人称人仙，在地叫地仙，在天称天仙，在水叫水仙，能神通变化者称神仙。

这些神仙等级的变化，看似无厘头，其实仔细分析一下你就会发现，这里头藏着一个不变的规律：任何时代，人们都是根据自身的需求来定义他们心目中的神仙的。翻开中国神话史，从上古神仙，到近代神话小说中的神仙，莫不如是也。

鉴于此，古代有关神仙仙品分类的方法虽然很多，但是万变不离其宗，最后形成了一套大家都能接受的划分法，就是后来《仙术秘库》中的分法：法有三乘，仙分五等。其五等仙为：天仙、神仙、地仙、人仙、鬼仙。

天仙品位的说法和早期道教神人的说法类似。后来，随着神仙人数的增多，人们又把天仙分为九等：第一上仙、第二次仙、第三太上真人、第四飞天真人、第五灵仙、第六真人、第七灵人、第八飞仙、第九仙人。在这些仙人中，天仙的修证之路最为上乘，即“炼虚合道”的境界。

淮南子曰：“莫生莫死，莫虚莫盈，是谓真人。”神仙们走的都是修炼的路，他们通过参悟人与自然万物的关系，进而成仙。所以神仙们一般讲究以炁合神，神炁为一，心无生灭，息无出入。

地仙品位在道教仙人谱系中为无神通力之仙。

据《天隐子》记载，在地为地仙。地仙在道教神仙谱系中属于中等仙人。所谓中等仙人，便是有神仙之才却无神仙之份，而又能得长生不死之道，逍遥于世间。修炼到这一品位的神仙大都容光焕发、步履轻疾、永生不死。

人仙品位亦是道教的说法，指那些道中得一法，法中得一术，形体坚固，长生住世的人。

《金丹真传·序》曰："补完气血，复成乾体，复得外药，结成内丹，此人仙也。"据记载人仙修炼讲究的方法有：绝谷、忘情、纳津、吐纳、持静、持戒、存想、采日精月华、导引、闭息、自然、无为等功法，若能信心苦志，坚守不移，足可保命固形，安乐延年，但有形之躯最终必坏。

鬼仙品位又称"灵鬼"，指修道者未能炼至纯阳，死后出阴神，乃为鬼仙。

关于鬼仙的来历有八仙的对话为证——

吕洞宾问："啥是鬼仙？"

钟离权答："鬼仙是五仙中第一，阴中超脱，神象不明，鬼关无姓，三山无名。虽不轮回，又难返蓬瀛。终无所归，止于投胎就舍而已。"

吕洞宾又问："那鬼仙究竟是怎么炼成的？"

钟离权答："一般修这种仙的，并没有参透大道，只是一味地追求成功。他们虽形如枯槁，却一志不散，因为是出自阴神，并非纯阳之仙，以其一志阴灵不散，故称为鬼仙也。"

第 28 弹

五路神到底是哪五路?

一个传说，多种版本——这是我阅读中国神话时的强烈体验。

今天讲的五路神在民间也有很多版本，咱们专挑比较冷门的讲一讲。

相传，明嘉靖三十三年，江浙一带倭寇成患，沿海民众的生命和财产安全遭受了极大的威胁。原来，在此之前，日本的海禁政策让整个国家迅速分裂成南北两股势力。长期斗争中，其中一股败下阵来的封建势力不得不另谋出路，于是他们组织了大量武士、商人，到中国沿海地区进行武装走私和烧杀抢掠等海盗活动。

利益是人类行为的内动力。有了外部的倭寇，再加上沿海的一些不法商人因为明朝的海禁政策利益大受损害，二者一拍即合，在沿海各村镇公然烧杀抢掠。

倭寇来势汹汹，官方组织正规军予以迎头痛击，但狡猾的倭寇化整为零，四面出击，这就给官方抗倭造成了不少麻烦，一些地方只有靠民间力量对抗倭寇的狡猾战术。

何五路，一位出生吴地的民间侠士，面对倭寇的恶行，他积极组织当地民众抗敌，最后为保卫家园而英勇战死。

为纪念英雄何五路，当地人自发组织起来，为他塑金身祭祀。

这时，人们却遇到一个技术问题。因为何五路组织的义军不是正规军，他自己也没有官方的功名头衔，按照封建社会那一套，把他摆在哪里祭拜就成了问题。

在传统的神话体系里，正神大多都是经过敕封的，像何五路这种靠民间信仰上位的，一般都要经过很长时间才能被列入体系中。何五路一个杂牌军出身，虽然平倭有功，但他的身份就像今日的协警一样，若摆在正殿里祭祀，官方显然是不会认可的。老百姓也不敢擅自行事，万一官家追责下来，平头老百姓谁也担待不起。

人民的智慧是无穷的，既然正殿不让摆，那就偏居一隅。乡贤们另辟蹊径，在正殿旁边设立路头堂祭拜何五路。

这一招实在高妙，你官家写文的祭拜你的文财神，尚武的祭拜你的武财神，我们这等不文不武的小民就祭拜一下何五路这位偏财神就行了，大家相安无事，各取所需。

在乡贤们的加持下，便有了何五路脱离肉身凡胎，尸解成神的传说。

到了清代，五路神便成为财神的俗称。商贾出门，祈求东、南、西、北、中五路皆来财；普通老百姓出门，祈求东、南、西、北、中五路得好运；官家出门，也祈求东、南、西、北、中五路官运亨通。总之，五路神被塑造成吉祥如意之神，拜一拜总是没错的，至于这个五路神究竟是不是何五路已经没有人去深究了。

在农村，祭拜五路神的方式更加有趣。人们把五路神分解成了和生计相关的五路俗家神仙，即土地爷、马王爷、何仙姑、财神爷和灶王爷。

一进大宅门，先见到的是土地爷，一般在右边墙上，面朝里。神像上方，红纸黑字曰：保佑。两边对联曰：土能生万物，地可发千祥。

接着往前走，路过马棚或者猪圈，抬头可见马王神像，仍是红纸黑字：保佑。对联写得更是阔气：牛如南山虎，马似北海龙。

到了正房，便见仙姑像，仍是“保佑”，对联曰：仙姑堂中坐，合家保平安。

跟仙姑像对称的是财神像，对联曰：天上金玉主，人间福禄神。

进了里间灶台，锅台上方便见灶王爷，仍是“保佑”，对联曰：上天言好事，下界保平安。

那么，人们为什么如此热衷于祭祀五路神呢？

古人认为，财货银钱凭路而行，东、南、西、北、中五路来财，所以路神便是财神。影视剧中，我们也经常见到一些强盗拦下过路商旅，他们的口号大抵都是“此山是我开，此树由我栽，若想从此过，留下买路财”之类的。

人民祭拜五路神，是想祈求生意顺遂，财运亨通。冥冥之中，路和财就天然联系在一块了，所以人们出门之前拜一拜，总是不会错的。

第 29 弹

神仙籍贯人人争

中国民间神话里的神仙，大多生卒不详，籍贯多处。

尤其近年以来，许多城市开始发展旅游业，于是陆续冒出一些专家，考证说某某著名人物籍贯就在此处。

乡野专家们的论据说法不一，但论点肯定是明确的。因为做这些工作完全不是从严谨的考证开始，而是凭着古籍里的一点只言片语就进行引申和揣测，这种做学问的态度很离谱，当然最后得出的结论也往往会让人啼笑皆非。

像“紫阳真人”张伯端这种，把自己的生平、籍贯在著作里交代得一清二楚的，确实是高。这既省去了后人的揣测，也能够进一步推动自己作品的流传，可谓一举两得。

张伯端，字平叔，号紫阳，浙江天台人。他是北宋内丹学的集大成者。

所谓内丹，是相对于外丹而言的。它沿用外丹的术语描述内丹修炼的过程，将人体比作炉鼎，以人体内之精、气、神为药，以神意为火候，在补足精、气、神的基础上，通过炼精化炁，炼炁化神的修炼，使元神、元炁凝结成内丹，实现从无到有的转化；接着进行炼神化虚、炼虚合道的修炼，将躯体炼化入阳神之中，逐步达到虚无的状态，进而实现天人合一，形神具妙，成就金丹大道。内丹修炼的过程与宇宙衍化的过程恰好相反，即仙家所说的顺行生人，逆行成仙。

需要指出的是，这里所说的“精、气、神”，是指先天无形的“元精、元气、元神”，而后天的交感之精、呼吸之气、意识之神，需要通过修炼返还为“元精、元气、元神”后才能成为内丹之药。

张伯端自幼便聪慧过人，所学也庞杂，涉猎三教经书、天文历法、占卜医术、地理天文等等。学而优则仕，张伯端曾赴任台州府吏，后被贬岭南。被贬后，一身才华的张伯端开始看淡仕途，专心修行；后又被起用掌管机要；再后来在成都遇异人，得金丹火候要诀。

公元 1069 年，张伯端归台州，筑室山居，于公元 1075 年著成《悟真篇》。

经过多年仕途的历练和人世的消磨，他在道教传统的基础上，引入儒家穷理尽性和佛教达本明性的心性修养方法。

张伯端在自己的著作《悟真篇》中提出三教归一的观点，试图以道教修炼性命之说融合儒释道三教。他主张以内丹为修仙途径，而以性命双修为其内炼大旨。

一个人从浑浑噩噩到忽然开悟，肯定是遭遇了什么。对于张伯端来说，他的悟道之路上最关键的一件事便是成都遇到名师。

《悟真篇集注》载：“平叔先生，旧名伯端，始于成都宿天回寺，遇异人，改名用成，授以丹诀。”而且遇到良师的时间张伯端也写进了序言中：熙宁己酉岁，即北宋神宗熙宁二年（公元 1069 年）。

上了年岁之后，张伯端还到陕西甘肃一带游历，在汉阴山中修炼。最终返回台州，居桐柏山崇道观，收徒传教，羽化于百步溪。

《历世真仙体道通鉴》载：张伯端“元丰五年（公元 1082 年）三

月十五趺坐而化，住世九十九岁”。

张伯端的“三教归一”观点早于全真教，而发轫于北方的全真教为了纪念这位生于南方的大仙，尊其为“南宗始祖”。

后世的人对他评价也很高，《四库全书》将其所著《悟真篇》与汉代魏伯阳的《周易参同契》并称“丹经王”。当代国学大师南怀谨认为：“如果我们将丹经的鼻祖著作《参同契》比之老子的书，那么另一部丹经，宋代紫阳真人所著的《悟真篇》应该比之如庄子的书了。”

前文讲到，虽然张伯端对自己的生平早做了说明，然而清《康熙临海县志》首现“临海说”后，张伯端的乡籍成了三百年争议不绝的历史公案。

在当代提倡的“文化搭台、经济唱戏”风潮下，临海人民再次就张伯端的籍贯问题进行争论，还打着雍正皇帝的招牌进行争辩，但是随着道家内部一些严谨学者的据理力争，此风波才算平息了下去。毕竟千百年来道士们每天早课诵念的《南五祖宝诰》开篇就是“九皇（张伯端）降迹于天台”。

大家不仅对神仙的籍贯争辩，连神仙羽化之后还要对神仙的事迹进行再创作。后世的许多文章都记载了张伯端重现真身于人间的故事。

对于编故事这件事，笔者是认可的。故事只要编得精彩，便可以让人置身其中而不能自拔。文学大家吴承恩老先生在其名作《西游记》中就编了一个紫阳真人设计搭救朱紫国皇后金圣娘娘，使其免遭妖怪赛太岁凌辱的故事。

好故事人人爱，好神仙人人编，这里无关对错，只论精彩。谁让他们是神仙呢，作为神仙，他们不得不满足广大人民群众的改编诉求。

第30弹

二郎神的舅舅真是玉帝吗？

许多人对二郎神杨戬很熟悉，却谈不上多喜欢。

他一出场就神情严肃，寡淡无味。除此之外，还有一个原因——在《西游记》里，他打败了颇受大家喜爱的孙悟空。

既然这么不讨喜，那么，二郎神究竟是个什么样子的神仙呢？

在民间传说里，二郎神又称灌口二郎、清源妙道真君等。他的名字很多，就像现在某个作家起许多笔名，以便混迹于各界。

他是神仙与凡人结合而生，师从玉鼎真人，通晓八九玄功，阙庭有第三只眼睛（天眼），身佩三尖两刃刀。

他还有一个神器，就是哮天犬。跟孙悟空的金箍棒一样，这神犬神通广大，变化莫测，常年追随他左右。

至于哮天犬的来历，有误读误听之嫌疑。其本意为细腰天犬，从语音上说，“哮”就是“细腰”的连读，如同很多地方把“西红柿”连读成“兄柿”一个道理。

古典神话《封神演义》里，二郎神杨戬是玉泉山金霞洞玉鼎真人的徒弟。他跟随师父潜心修炼，获得无上法力，最后修得清源妙道真君。

在《二郎宝卷》中，二郎的父亲杨天佑是天上的左金童临凡，投胎为确州城内书生。母亲云花女恋旧情下凡与杨天佑私配成婚，生下二郎真君。

民间还有一说，说二郎神是玉帝的外甥，敕封昭惠灵显王。在这里，他是玉帝的妹妹思春下凡与一名姓杨的凡人结合所生。

关于二郎的文字记载最早见于唐代崔令钦《教坊记》里，到了五代时期他则摇身一变成了护国灵应王。

二郎神在宋元之际封神，而后各朝的官方皆有封赐。同时，二郎神作为民间神灵信仰体系中一位影响深远的神祇被百姓广泛信仰和崇拜，并修建了许多庙宇。

在各地的庙宇中，二郎神是极容易被辨认出来的神仙之一，因为他有三只眼。

关于他第三只眼的来历也是众说纷纭，有人认为他的第三只眼产生于古蜀崇目的信仰。《灌江备考》中就有记载："二郎为蚕丛之后，故额上有一纵目"，有人则认为他的第三只眼是拜神仙所赐。

除此之外，二郎神还是一个气宇轩昂、面白无须的帅神仙。论容貌，他简直是神仙界的颜值担当。可是，二郎神偏偏不靠颜值，他是靠实力在仙界混出来的。

他的七十二变，变化莫测；他的刀枪剑戟、斧钺刀叉都使得炉火纯青；他的哮天犬更是一件能出奇制胜的法宝。

元杂剧记载："二郎神凭着真君金弹、细犬、三尖两刃刀，量他到的那里去也！"

更加有趣的是，杨戬虽然人称灌口二郎，其实却是独生子，在唐以来的记载中，这些都能找见依据。

今天我要讲的是有关二郎神的两个小传说。

其中之一出自我们小时候的必备读物《西游记》。这里记载的二郎神虽然出身高贵，却不愿显示自己的显赫身份，一直兢兢业业，不怎么与天庭交往。

在《西游记》里他的显性神格就是“听调不听宣”。也就是说，玉帝有什么政务军务的可以安排二郎神去干，但要私下里接见，还是免了。

实话说，二郎神这种刚直不阿的性格放在今天也是一种难能可贵的品质。那一首歌是怎么唱来着：三分天注定，七分靠打拼。我们的灌口二郎，就是这种励志的神仙。

还有一个传说在道教典籍《二郎宝卷》里。

宝卷主要讲的是二郎真君的来历。宝卷记载，杨二郎的父亲杨天佑曾是天上的金童， 他与斗牛宫仙女云花女相恋，后下界成为凡人，云华女恋旧情下界与其婚配，并生有一子杨二郎。二郎三岁时，云花被猿猴行者压于太山之下，二郎得到斗牛宫西王母的指点，“担山赶太阳”，劈山救母。

从以上传说中，我们不难发现，作为神的二郎真君的神格是比较稳定的，刚正而勇武。恰是这种稳定的人格，为二郎神在民间传说中身兼多职提供了坚实的基础。正因为其无所不能，所以在民间，他既是战神，又是水神、酒神等。

第 31 弹

天蓬元帅不是猪八戒?

天庭是一个神仙占统治地位，同时吸收了佛教和道教的一些仙佛，一起组成的以玉帝为首脑的具有明显政治分工的集团。

作为三界共同推选出来的扛把子，玉帝自然是天庭中权力最大的，除了天庭直属的机构归他管辖，一些不在此列的散仙和古佛名义上也受他管理。

话说远古时代，紫微大帝统御人、神、鬼三界。紫微大帝因其星辰位置的重要性，就成了“中天北极紫微大帝”，作为玉皇大帝的首辅，其神职是“上统诸星，中御万法，下治酆都”。紫微大帝虽已位极神臣，却还是要受玉帝管辖。

紫微大帝手下第一爱将便是天蓬元帅。

《道法会元》载：“北斗九宸，应化分精，而为九神也。九神者，天蓬、天任、天衡、天辅、天英、天内、天柱、天心、天禽也。”

这里的“天蓬”还是星宿之名，被人格化之后，对应的是周代一个叫卞庄的武将。据说，卞庄因勇猛深受紫微大帝喜欢，于是被提拔为“天蓬元帅”，居四圣之首。

有关卞庄之勇猛，除了民间传说，《史记》中也有记载：“庄子欲刺虎，馆竖子止之，曰：‘两虎方且食牛，食甘必争，争则必斗，斗则大者伤，小者死，从伤而刺之，一举必有双虎之名。’卞庄子以为然，立须之。有顷，两虎果斗，大者伤，小者死。庄子从伤者而刺之，一举果有双虎之功。”

这个小故事充满民间智慧。故事讲的是卞庄想要杀虎，一个小孩告诉他，这两只老虎正在争食，等它们斗完，再来收拾残局岂不更妙。卞庄一听很有道理，便等老虎斗完再上去捕杀之，一举落下了杀双虎之功。

在道家典籍里，天蓬元帅也是一员猛将，不仅可以护佑身心，还可以驱鬼辟邪。后来历经演变、演绎，天蓬元帅成了道教神话体系中的第一护法神，其天蓬咒、天蓬符、天蓬印、天蓬大法等，威力甚大，能让神鬼退却。神霄派兴起之后，更是把天蓬元帅奉为自己的雷部首神。

天蓬元帅在民间的庙宇之中也出现了多种变相，但多以高大威猛为其主要形象。

有关天蓬元帅的威猛形象，有诗赞曰：

身长千尺口齿方，四头八臂显神光。
手持金尺摇帝钟，铜牙铁爪灭凶狂。
手执霹雳宰镬汤，雷震电发走天光。
草木焦枯尽摧伤，崩山竭石断桥梁。
倾河倒海翻天地，收擒百鬼敕豪强。
捉来寸斩灭灾殃，吾使神剑谁敢当。

在神仙谱中，天蓬元帅的地位很高，权力也很大，身份也确定。

但流传至今，人们喜闻乐见的天蓬元帅形象却是猪八戒。那么，猪八戒究竟是不是天蓬元帅呢？

在吴承恩先生写的神话小说《西游记》里，猪八戒被说成是天庭玉帝手下的天蓬元帅，主管天河，后因贪杯醉酒调戏嫦娥被贬下凡，谁料想，错投猪胎，只好暂居福陵山云栈洞为妖，后来受菩萨点化，护佑唐僧去西天求取真经，最后被封为净坛使者。

那么，吴承恩先生是不是脑子一热，把猪八戒说成天蓬元帅呢？他俩到底有没有关系呢？

依照鲁迅先生的观点，猪八戒的形象就是从古代民间的神话中演变而来的。在很多历史专家的考证下，猪和北斗、大禹、星辰都有很神秘的关联，所以吴承恩创作的猪八戒文学形象绝不是空穴来风。

从历史进程神话演变这个角度上讲，任何流传下来的神话都经过后代的筛选和淘洗，这个工作在春秋时代（甚至更早）就开始了。当时，以孔子为代表的儒家直接对神话进行了整理和改编，后来又经历朝历代文人的再创作，才最终成了今天的样子。

那么，天蓬元帅和卞庄到底有没有关系呢？这个就不得而知了。

第 32 弹

镇元子：西游记里的隐藏 BOSS

中国道教的神仙谱系中，地仙属于中等仙人。

地仙一般都有神仙之才，却无神仙之分，通过修炼达到长生之境，修成之后，一般悠哉游哉，并不过问仙界事务。

虽然很多地仙不参与天庭的日常事务，但这并不表示他们没有能力，很多地仙都是因为个人的慵懒品质，懒得进入天庭的公务系统。

这其中，法力和地位最高的当属镇元子，他被称为地仙之祖。

《西游记》中有关镇元子的篇幅并不多，印象中他是一个接近于打酱油的神仙人物设定，事实是不是这样的呢？

在漫天神佛妖魔的圈子中，像如来、三清、玉帝、太上老君等，他们组成了一个高层级的神仙圈子。在天庭“联合政府”里，他们各司其职，像如来，在天庭里就有西天佛老的虚职。

反观镇元子，在天庭里并没有挂职，也没有个人组织，但你要以此推断他不过尔尔，可就大错特错了。

我们先从他的宝物人参果讲起。

在整个《西游记》的神话设定里，能够让人长生不老的宝物有四个：一个是王母娘娘的蟠桃，王母凭借此宝在天庭中占据相当重要的地位；

二是太上老君的金丹，孙悟空大闹天宫时先吃了蟠桃，后吃了金丹，这在整个天庭秩序里是不可容忍的；第三个就是镇元子的人参果，人参本来就有延年益寿的功效，这镇元子的人参果是人参之祖，是天开地辟之灵根，那么，掌握这种长寿果的神仙肯定不简单；最后一个就是唐僧肉了，这也是为什么唐僧取经途中屡遭妖魔劫掠的主要原因——妖魔们没有别的延年益寿的法门，只能靠吃唐僧肉来达到长生的目的。

仙界和人间一样，谁掌握了资源，谁就是老大。

“长生”这种稀缺资源更是仙家和妖魔界争相追捧的香饽饽，毕竟很多人修炼的目的就是长生。奇怪的是，按说掌握了这种稀缺资源的人都会被天庭笼络去，要么身居要职，要么挂一个虚职，像镇元子这样在天庭无任何履历的还是极少数。

我们再来看看镇元子的法力。《西游记》里，孙悟空推倒人参果树之后与之打斗，观众们本来期望着肯定又是一场精彩的对决，可是他一招袖里乾坤就把孙悟空击败了。

这不禁让人们大跌眼镜，毕竟孙悟空是大闹天宫的齐天大圣，还在菩提老祖那里学了七十二般变化，结果到镇元子这里全都施展不开。

其实，孙猴子和镇元子压根就不是一个量级的。

镇元子可是三清的朋友，四帝的故人，九曜都是他的晚辈，元辰更是他的下宾。

看看他的朋友圈就知道了，作为道教的领袖，三清是他朋友；作为天庭的行政长官，四帝都和他称兄道弟，你想想他到底是啥级别。按现在的说法，如果镇元子发个朋友圈，三清和四帝都要给他点赞的，九曜和元辰可能就要转发加评论了。

《西游记》里关于他的身份还有一段凡尔赛对话：当唐玄奘问五

庄观的童子镇元子的去向，童子说他家师父被元始天尊请到上清天弥罗宫听讲混元道去了。

你想想，元始天尊请他去听课，这得是多大的面子。

再从名字上看，元始天尊和镇元子名字里都有一个元字。元始天尊是宇宙的元始，在道教里最厉害，镇元子作为地仙之祖，在地上可以说是最久远的。

孙悟空虽然有天仙之称，却未得真果，只能是天仙末流。虽然他在编制上解决了仙品的问题，可在天庭里却还是个弼马温，这和地仙之祖镇元子比起来肯定不是一个量级，所以孙悟空很轻松就被击败了。

细读《西游记》就会发现，虽然故事讲的是唐僧师徒历经艰难去取真经，可是通篇都围绕着“长生”这个主题。从孙悟空大闹地府到大闹天宫，从偷吃蟠桃到吃金丹，而后在取经路上，各路的妖魔邪祟争吃唐僧肉，都是在讲长生。

由此可见，镇元子虽然没有在天庭任职，隶属散仙，可仅凭他掌握着“长生”密码之一的人参果，在三界内就是一个很特殊的存在。

所以，镇元子以地仙之祖的身份逍遥红尘内外，你千万不要以为他只是来打酱油的。

第 33 弹

王灵官：改个名字就成了大神

在道教的神话体系里，王灵官的位置常常被人理解为玉帝的“小保安”。

《西游记》中，孙悟空大闹天宫，快要闯进灵霄宝殿时，拦住他的就是王灵官。

在当代的许多演绎版本里，他也是一身保安气质，那么今天就来说说这位大神的前世今生。

一个版本说，王灵官本名王恶，原本是湘阴城隍庙里的城隍，但是此神喜欢吃童男童女，一时民愤激荡，适逢四大天师之一的萨真人游历于湘阴，住在此城隍庙中，见王灵官行此等凶恶之事，立即作法。一时间，天降雷火，劈里啪啦——把王灵官的庙烧了个干干净净。

还有一个版本，说王灵官嫌萨真人住在庙里不方便，就对当地的太守说：“有个姓萨的住在我庙里，白吃白喝，闹得我很不方便，你替我把他赶走。”太守如约照办，第二天赶走了萨真人。萨真人怀恨在心，还没走远，见有人抬着一口猪到庙里还愿，便心生一计，拿出一把作过法的香交予那还愿之人，托付他到了庙里替自己焚香祝祷，谁知那香火却变成了雷火，把城隍庙烧了个精光。

从此两个人结下了梁子。

无论哪个版本，最后的结局都是王灵官的家被烧了。

你想想，王灵官好歹也是神仙，如今容身之地竟然被烧，岂能就此罢休？于是王灵官就把萨真人告到了玉帝那里。

无巧不成书，玉帝正愁没人盯着萨真人，一看王灵官来了，心里暗喜。有玉帝撑腰，王灵官把萨真人的劣迹胡乱交代了一通，玉帝便赐王灵官一只慧眼，顺赠一根法力强大的神鞭，然后交给了他一个任务——监视萨真人，并许诺王灵官，监视期间但凡萨真人有任何差错，第一时间来报，他一定替王灵官收拾萨真人。

话说这王灵官虽然拿了玉帝赏赐的神鞭，还有第三只慧眼的加持，本该光明正大地找萨真人练一场，无奈玉帝的命令在身，王灵官只得靠隐身之术，紧紧跟着萨真人，心想等他出错之际，再报仇也不晚。

谁想到，这一跟，就跟了整整十二年，那萨真人在这十二年里竟没有做出一件触犯天条之事。而在漫长的跟踪岁月里，王灵官心里的怨恨早已化为一缕青烟消失殆尽，只剩下一个大大的“服”字。

佩服得五体投地的王灵官不念旧怨，一心想拜萨真人为师。

萨真人倒也爽快：“拜我为师可以，但从今天起，你得改个名字，原来叫王恶，现在叫王善吧。”王灵官当即答应。

改名王善之后，作为萨真人的弟子，王灵官在一些重要的道教场合，却比萨真人的名气要大得多，毕竟这位玉帝“保安”出身的神仙更加根正苗红，所以我们在一些寺庙里常常一进门就能看见王灵官威风凛凛、神气活现的塑像。

其实说起王灵官的名气，还有一个人不得不提，那就是明朝永乐年间的一个道士——周思得。

永乐年间，周思得来到帝都，靠王灵官的法门在京师大显威名。许多老百姓找他占卜吉凶，作法驱魅，他皆能以灵官之法，知人祸福，帮人渡劫。

这事传到天子朱棣的耳朵里，朱棣就把他召进宫来，试了几次，果然十分灵验，朱棣大喜，于是大兴土木，在城西建灵官庙及祖师殿，祭祀王灵官和萨真人。

到了宣德年间，因为崇尚火德，明宣宗更是改庙为观，赐名“火德观”，并封萨真人为“崇恩真君”，封王灵官为“隆恩真君”，明朝的历任皇帝逢祭祀之日必来祭拜。

皇帝打卡之处，百姓们自然都争相祭拜，王灵官一时间成了神仙界的网红。

作为雷神、火神、降魔之神，王灵官本来是一位道教的著名神仙，但由于道佛之间相互模仿，相互平衡，大家都有许多神职相同的神仙。佛教里有个重要的护法神将叫韦驮，常常被派到寺庙里去镇守佛堂，道教便把王灵官派出去镇守山门。总之，大家都很厉害，管理上自然都不能混乱：你有韦陀来坐镇，我有灵官把山门。

作为人们喜闻乐见的神仙之一，后来对王灵官的演绎也很多，昆曲开场之前就有跳天官、跳灵官的说法。跳天官和跳灵官也稍有不同，跳天官是为了赐福，跳灵官则是为了辟邪。

第 34 弹

许真君：天师不仅会做法，还会做官

广袤无垠的宇宙时空究竟是由什么构成的？

科学有科学的分析，宗教有宗教的诠释，民间有民间的说法，至于哪一种更接近真相本身，就是仁者见仁、智者见智的事了。

按照中国宗教的解释，茫茫无涯的宇宙空间被分成神、鬼、人三界。

神界是最高等级的存在，负责管辖和治理人界、鬼界的事务，但上古的神仙毕竟有限，而且很多已经淹没于历史的长河里。随着时代的变迁以及文明的进步，道教也与时俱进，并不局限于上古神话和创世神仙，为了满足道教的发展需求，壮大组织队伍，道教徒们开始网罗神仙，把佛教的、民间认证的统统拉到自己麾下，搞得甚是繁荣热闹。

但对于凡夫俗子们来说，成仙之路何其艰难，一些人终生修行无果，一些人心思偏颇走火入魔……他们之中只有极个别人能够通过修行抵达仙品。今天要讲的天师许真君，就是这样一个例外。

历史上，许真君确有其人。

许真君原名许逊（公元 239 年—374 年），字敬之，豫章郡南昌县长定乡益塘坡慈母村人。

据道书载，许逊年少时以射猎为业，某日进山射杀一头鹿，谁知那头母鹿已身怀六甲，鹿胎坠地而死。许逊懊悔不已，奋力把弓弩折断，从此宅进西山潜心修行。

三十六岁那年，许逊与文学家郭璞结伴，遍访名山大川，后隐居逍遥山，不求功名利禄，平日以忠、孝、信传播乡里。

公元 280 年，朝廷屡次派人前来逍遥山授予许逊官职，许逊实在难以推辞，便走马上任，赶赴四川旌阳县。

到了旌阳县之后，许逊大搞反腐运动，对朝廷颁布的过重刑罚也因地制宜地进行了修改，同时大力提倡孝道，推举贤能，远离奸佞。

一时之间，旌阳县政通人和。

古代许多修道之人不愿意入仕，认为有碍自己修行，其实真正的修行者，大多选择待在黎民苍生苟活之地，因为只有在尘世中不断锤炼自己，才能真正悟出人生的大道。

许逊来到旌阳后，这里便发生了水患。很多农田颗粒无收，民众流离失所。许逊赶紧组织农民到官府的田里耕作，还采取以工代税的方式，免去了农民的徭役。水患不除，瘟疫横行，许逊还用自己研制的小秘方救治人们，以致旌阳到处传唱着一首民谣："人无盗窃，吏无奸欺，我君活人，病无能为。"

许逊在旌阳十年，为官清廉，人品高洁，当地百姓亲切地称之为"许旌阳"。

为什么历史上一些清官的事迹会被反复传颂？笔者认为，这与古代严苛的制度有很大关系，老百姓民不聊生，既要服徭役还要交赋税（孔子曰："苛政猛于虎也！"），如果再碰上个贪赃枉法的官员，那真就别想有好日子过了。

公元 290 年，晋朝大乱，已具备半仙之体的许逊料定以自己一人之力很难改变时局，便准备辞官还乡。

据说，许逊辞官归乡时，许多老百姓夹道相送，一些人干脆跟着他一路东行，来到当年他修行的西山，聚族而居；更有甚者，直接把自己的姓氏也改为许。

野史的迷人之处，在于一些无法考证的东西，我们当然不能一概以不可信而论之。像许逊、海瑞、包拯这样的官员，在封建时代是老百姓心中的神，大家每个人都参与了造神的创作。

按照道教的传说，许逊活了一百三十六岁。宁康二年（公元374年）八月十五日，许真君羽化，“合家飞升，鸡犬悉去”，我们经常说的“一人得道，鸡犬升天”就是从这里来的。

善举有善报，斯人虽已羽化，但老百姓的思念不会消失。为了纪念这位德高望重的修行者，人们纷纷建庙供奉其神像。

读中国神话，你会发现一些神的神迹是自上而下传播的，像创世神话里的神仙，引入中土的神佛等；还有一些神仙的事迹是自下而上传播的，像民间的老百姓自己封的很多神仙等。这其中，大部分统治者为了迎合民意，会承认老百姓的信仰，一些聪明的统治者还懂得利用老百姓的信仰，将一些神话故事再次创作，使它们更切合王朝的统治思想。修行如许逊者，自然是老百姓和统治者都喜欢的“三好学生”，因此，正和二年（公元1112年），宋徽宗诰封许逊为“神功妙济真君”；南宋的何真公、元初的刘玉也都曾假托许逊神灵降授，并尊其为“净明道祖师”。

在道教典籍里，许逊与张道陵、葛玄、萨守坚共为四大天师，真可谓修行全凭自身，公道自在人心。

第 35 弹

张果老：倒骑驴的行为艺术家

赵州桥来什么人修
玉石的栏杆什么人留
什么人骑驴桥上走
什么人推车压了一趟沟 嘛咿呀嘿
赵州桥来鲁班爷爷修
玉石的栏杆圣人留
张果老骑驴桥上走
柴王爷推车压了一趟沟 嘛咿呀嘿

这是河北民间的歌舞小戏《小放牛》的一段词。

里面讲的事儿大家耳熟能详，尤其是张果老倒骑毛驴的形象，千百年来已经在民间广为流传。作为八仙之一，张果老的名字路人皆知。

但历史上真有张果老其人吗？他的成仙经历又是怎样的？

据明万历《太原府志》记载，张果老姓张名果，是唐朝时期人。

我查遍史书，所有关于张果老的记载都是此人一出场，年龄就已经很大了，于是人们在他名字后面加一个“老”字以示尊敬。

有关张果老的故事最早出现在《明皇杂录》，据说到武则天时已经数百岁。

中国民间在记录一个人年龄信息的时候很有意思，因为正史上有关此人的信息不多，一经流入民间口口相传的环节，大家便充分发挥各自的想象力进行演绎。

笔者认为，后来人虽喜牵强附会，但民间传说又非空穴来风，所以最后只能归结为据说或者据传了。但究竟这“据说”“据传”有多离谱，又因为时空限制无法求证，最后只能是到大致不会有错吧的地步。

成仙之后的张果老常年隐居在山西中条山一带，往来于晋阳、汾州之间。

本来可能是一江湖散仙儿，后来听说武则天要召他入宫，便装死不出，等后人再见到他时，便已经是倒骑毛驴状了。

讲到这里，笔者忽然有一个大胆的想象，是不是张果老先生不愿意直面人生，在搞一种行为艺术呢？

从结果论上说，正是这种倒骑毛驴的行为让他在人心中的印象更为深刻。

不但倒骑毛驴，还有人看到，他不骑驴时，还能把毛驴折叠，放到箱子里。

这可不是行为艺术能够做到的了，至少是一种了不得的法术，可以博得大名声的法术。总之，赢得了大名声之后，张果老果然藏身不住。

唐玄宗时，张果老因为“奇人轶事”被召进帝都长安，专门为大唐皇帝表演障眼法。

这事想想就很刺激，脑补一下：一个几百岁的老人还能在皇帝面前表演障眼法，这本身就构成了一项艺术活动。唐玄宗是历史上出了名的热爱艺术的皇帝，看了张果老的表演之后甚是欢喜，授之以银青光禄大夫，赐号通玄先生。

大唐皇帝惊奇于张果老先生的神奇法术，除了在宫中宴请群臣观摩，他还准备给张果老先生搞一次全国巡演。消息传到张果老耳朵里，被他以“年老多病”为由，搪塞过去了。

既然拒绝了大唐皇帝的美意，皇宫肯定待不成了，张果老索性又回到中条山去。

这是民间比较流行的一种说法，至于可信度问题，我们前面也讲过，民间流传的神话，其再加工和再演绎的成分是必不可少的。

那么，张果老自己的说辞究竟可信不可信呢？

据张果老自己说，他是尧舜时人，到唐初已经活了三千多岁，在尧时任侍中（“生尧丙子岁，位侍中。”——《唐书》），自己最拿手的就是倒骑驴，最快倒骑驴速度——日行万里。

你千万不要惊诧莫名，张老的重点可不是倒骑驴日行万里，重点是驴不骑时可以折叠成纸驴，重点中的重点的是再骑驴时还能用水把纸驴喷成活驴。

此说可信度也未可知，只是后来者考证出尧舜时还没有侍中这个官职，这倒让张果老这番自我介绍打了折扣。就像现在有人到公司应聘，人力主管要对方做个自我介绍，对方说自己来自“某某上市公司”，可是一查并没有这个公司，就相当尴尬。

所幸，古人考据的能力不像现在互联网网民这么厉害，所以有关张果老先生的自述我们也无法证伪。

还有一些道士出于宣传的需要，把张果老的年龄说得更加离谱。《枕中书》记载，张果老经历了“四劫”。佛家里的一劫有四十多万年，四劫加起来真是古今奇观了。这些夸张的传说对于张果老个人的“形象”传播起到了推波助澜的作用——在民间，张果老可谓是妇孺皆知。

记载张果老轶事的书籍不少，像《旧唐书》《枕中书》《明皇实录》等等，所记趣事亦很多。最让我忍俊不禁的一则是，当年热爱艺术的唐玄宗对江湖散仙儿张果老的“法术”佩服得五体投地，甚至一度要把玉真公主下嫁给他。张老果无所适从，如果娶了玉真公主，还要搞全国巡演，这事想想都累，哪有隐居中条山过逍遥自在的神仙生活自在。

第 36 弹

何仙姑：光会吃就能成仙

上一篇讲了张果老，这一篇讲一讲八仙之一何仙姑的传奇人生。

唐高宗开耀元年间三月初七，天空忽降祥云，何家的媳妇正要分娩，祥云绕屋三匝而不散。何家媳妇一阵眩晕，恍惚之中看见一群丹顶鹤，接着看见一只梅花鹿驮着一个白白胖胖的小姑娘朝她走来。

这是传说中的祥瑞之兆。

果然，何家媳妇顺利诞下一女婴，取名何琼。

上天既降下祥瑞，何琼的命运便一定是曲折神奇，这是凡人做神仙的传统套路。

据说，何琼小时候就天赋异禀、容貌出众。她家门口有一条小溪，盛产云母。据说，云母功效奇特，能够安定人的精神，疏通血气，治疗虚喘和眩晕，增强人的体质，延年益寿。总而言之，云母很神奇。而且，古时候，云母是炼丹的重要材料。可是这时候的何琼年幼，尚无高人指点，还不知云母的妙处，她只是经常在溪水边玩闹嬉戏而已。

时光荏苒，岁月如梭！

十四岁那年的某一天，何琼正在溪水边玩闹，忽然不知从何处冒出一个白发苍苍的老头。那老头上来就东打听，西打听，问个没完，何琼都非常耐心地解答，老头很是满意。

重点来了！二人聊天结束，老头从背篼里取出一个蟠桃给何琼，何琼也不生分，接了蟠桃，三两下就吃进肚里，抬头看时，老人已消失不见。

自从那日吃了老头给的蟠桃，一连数日，何琼竟然毫无饥饿之感，任凭母亲做的饭菜如何香甜可口，也没胃口吃。

相反，虽不吃东西，何琼的精神头却比往日要好，这让她的母亲甚是不解。

不解归不解，何琼依然故我，不吃不饿，既省粮食又环保。可是那白发老头坐不住了，暗想这丫头心真大，本来要给她讲讲道，讲讲炼丹术，讲讲养生课，可她偏偏无所谓。终于，老头忍不住，跑到云母溪水边等何琼。

二位神仙的对话也堪称经典。

老头故作神秘地问何琼："你就不想问点什么？"

何琼无辜地回答："有啥可问的？"

老头叹口气："那日的蟠桃挺好吃吧？"

何琼如实答："确实好吃。"

老头循循诱导："只是好吃吗？"

何琼才想起来："哦！差点忘了还顶饿。"

老头有点狂躁："为啥一个蟠桃能顶饿？"

何琼反问："我怎么知道？"

老头无奈，放弃拐弯抹角，告诉何琼真相。原来那蟠桃为云母所幻化，他只是用了障眼法。

何琼"哦"了一声："原来云母还有这功效。"

老头彻底摊牌：“我是看你有神仙潜质，才告诉你，那云母确实是神奇之物，你一定要谨记。”

老头说完，还告知了何琼如何服用云母等等。

何琼看着老头诚恳的样子，只好选择相信了。在此后的很长一段时间里，何琼都以云母为食。

神奇的一幕终于出现了，何琼的身体变得越来越轻盈，平日里走路竟健步如飞。

附近的村民大为惊奇，一些人问了缘由，何琼如实相告，可是村民们吃了之后，却无效果。这件事情越传越玄幻，再加上何琼平日上山采的各种灵芝仙草，治好了不少村里人的疑难杂症，这确是神仙才有的超能力。

一时之间，方圆几百里，何仙姑的名字就叫起来了。

何仙姑得道成仙的消息一传十，十传百，最后竟传到武则天耳中。

那年武则天尚未称帝，得知此事后，她心中甚是羡慕。据说人到达权力的顶峰之后，最想拥有的就是长生不老之术。听到江湖传闻，她心想：既然是仙姑，肯定有什么“长寿黑魔法”之类的，可是贸然去问人家显然有点唐突。

怎么办呢？武则天想到“若欲取之，必先与之”的策略。

她先派人去寻那何仙姑，还特地为她准备了一身漂亮的衣服——朝霞服。正值青春年华的何仙姑一看如此艳丽的衣服，自然爱不释手，赶紧穿上，气质一下升段了。

何仙姑站在悬崖边上，身披朝霞服，和煦的阳光下，夹杂着些许雾霭。

村里人抬头看见如此奇装异服的何仙姑，每个人心中都仰慕极了。

一阵微风吹来，何仙姑从悬崖上轻跳下来，消失在众人的视线中，那轻盈的身姿与传说中的神仙简直一模一样。

既是神仙，大家便只有仰慕的份儿，娶回家做媳妇是万万不敢的。

可是何仙姑的母亲却不这么想。何仙姑十八岁那年，她母亲急得不行，着急要把女儿嫁出去，可方圆几百里竟然无人敢娶。何仙姑倒没放在心上，照例上山采药，治病救人。

某日，何仙姑去密林深处采药，偶遇两位更加神奇的人，一个拄铁拐，背个大葫芦，身形邋遢；另一个穿蓝布衫，衣着整洁，神态俊逸。

在何仙姑的注目下，二人一唱一和，腾空翻越，忽隐忽现。何仙姑觉得好奇，也学他们，口念咒诀，自己竟也飞了起来。

这二人正是铁拐李和蓝采和。他俩是来教何仙姑本事的。

为了早日熟练掌握飞行的技术，何仙姑常常早出晚归，每当母亲问起，便以和别人谈论佛道搪塞之。日子久了，何仙姑深谙佛道之学的说法又悄悄流传出去。

彼时，武则天已经登基称帝。

权力总会带来对永恒时空的渴望，武则天听到何仙姑深谙佛道的消息，大喜过望，当年自己可是送过她漂亮衣服的，这时候把她请到东都洛阳时机正好。

一众官员跋山涉水，去请何仙姑。

众人行至洛水，大家等船渡河之际，何仙姑又消失得无影无终。众官员大骇，弄丢了武皇要找的神仙可是要掉脑袋的，急忙分头寻找，还有人跳进洛河里寻找，似乎刚才有人看见洛河之水发出“扑通”之声。

徒劳无功的众人正愁回宫无法交差，何仙姑却又悄然而至。一个抱有朴素唯物主义的官员，走到何仙姑跟前摸她衣裳——确实是干的。

何仙姑凌空而降，告诉众人她与武皇已经会晤完毕，众人回宫复命即可。

关于这次武则天和何仙姑的秘密会晤，各方的记载均不一致。有记载两人探讨了一番长寿之道的；有记载二人争论了一番军国大事的；也有记载何仙姑劝说武皇要清心寡欲的；总之，在所有人口中，这都是一次愉快的会晤。

武则天为酬谢何仙姑的一番美意，特下令将零陵城南的凤凰台，作为何仙姑讲道弘法之处。

弘扬道法之余，何仙姑还写了一首有关凤凰台的诗：

凤凰云母似天花，炼作芙蓉白云芽。

笑煞狂徒无主张，更从何处觅丹砂。

这首诗一看便知是后人杜撰，但假作真时真亦假，本来就是传说，世人不必过于较真。

除此之外，在各类书籍里，有关何仙姑身份籍贯的说法历来很多，她登仙之后的种种佳话更是被不断地演绎。

作为八仙之中唯一的女性，何仙姑在民间的信众也一直长盛不衰。

第 37 弹

韩湘子，韩愈到底是不是你叔公？

八仙之一的韩湘子，他的标配是一只箫。

作为民间自修成仙的天团组合，八仙的故事可谓妇孺皆知。

与铁拐李、汉钟离、吕洞宾邋遢的形象相比，韩湘子的特点是外形俊朗，性格儒雅，可谓八仙的门面担当。

位于西安南门里的湘子庙是韩湘子的出家之地。故而，历代皆以西安湘子庙为湘子文化的发源地。新世纪伊始，这座庙观里的两棵老槐树于寒冬腊月里开花，市民不解，甚以为奇。

有老人回忆，当年庙里有两棵宋代的古槐树，建国后被砍，这两棵新槐是后人在原地补栽的。至于后者的冬日里开花与前者有没有关系，也不得而知。

历史上韩湘子确有其人。

作为中国古代民间传说中的神仙，他曾拜吕洞宾为师，学习道法。他擅长吹箫，相传道家音乐《天花引》即为他所作。

《道论诠绎》记载，韩湘子应铁拐李之邀，于著名的仙苑石笋山聚会而位列八仙。那么，韩湘子究竟是谁呢？

民间广为流传的一个版本，韩湘子被说成是唐代大文学家、刑部侍郎韩愈的侄孙韩湘。

据《新唐书》记载，韩湘乃韩愈的侄子韩老成之子，为韩愈侄孙，公元 823 年进士，官至大理丞。而且这位大文学家韩愈确也给自己这位侄孙作过两首诗，但奇怪的是诗中并未提及韩湘会任何道术。

历史上，倒是有个叫姚和的人写过一首《答韩湘诗》，诗中云："子在名利场，屡战还屡北。"这杀伐征战的气质明显与韩湘子修道的气质不相符。据此，我们推测韩湘子是韩愈侄孙的说法并不可靠。

既然不可靠，为什么那么多人愿意相信呢？这里就不得不讲一下另一个故事。

作为一代大文豪的韩愈，向来以孔孟正统自居，对佛道力行排斥，可以说是一位坚决的卫道者。据传在他为官时，曾多次上疏要求朝廷打压佛道之学。

公元 819 年，唐宪宗派人去凤翔恭迎佛骨入禁中，朝拜三日，京师为之轰动。

时任刑部侍郎的韩愈，上疏反对。他历举有史以来信奉佛教的皇帝，要么短命，要么亡国。他当着皇帝的面指斥佛教虚妄误国。

唐宪宗大怒，将韩愈贬为潮州刺史。

暂且不论韩愈上表的对错，此一举动，肯定引来佛道之人的不满与愤懑。

道士们心想，皇帝治理不好国家，大臣反过来倒因为果把祸嫁于修行之人，这事是佛可忍道不可忍也。

韩愈被贬潮州，潮州地处省尾南国，当时尚属蛮荒之地，而且气候湿热。一个中原人初来乍到，极易患上瘴疠之疾。

对于长期做京官的韩愈而言，这里和长安城简直是天壤之别。

被贬之旅，心情凄惨荒凉，一想到自己很可能就要在此荒蛮之地孤独终老，韩愈不禁悲从中来。

这时自己的侄孙韩湘忽然赶到，表示愿意与韩愈一起赴任，此时韩愈的心情可谓悲欣交集，便挥毫写下了那首著名的《左迁至蓝关示侄孙湘》：

一封朝奏九重天，夕贬潮阳路八千。
欲为圣明除弊事，肯将衰朽惜残年！
云横秦岭家何在？雪拥蓝关马不前。
知汝远来应有意，好收吾骨瘴江边。

历史的有趣之处是，虽然有诗作流传于世，但有关人物来历的个中细节和详情却无法考证。当然，诗是文学创作，毕竟不是个人传记。既然你韩愈没在诗里交代明白，就莫要怕后世的道士编排你了。

古代的道士们自然最会编排因果故事。你韩愈大先生不是反感佛道之术吗，那么就给你安排一个虔心修道的亲人来感化你。

翻开中国神话，这样的例子很多，所以大家也不必大惊小怪，千百年以来，正是这些不可求证的空白填空，满足了历史缺失的遗憾。

据宋刘斧《青锁高议前集》记载，韩湘子的“奇术”比《酉阳杂俎》里记载的更加传奇。

这里的韩湘子自称能造逡巡酒，能开顷刻花。

韩愈自然不信，韩湘子便手握一撮土放到花盆之中盖上，顷刻之间，揭开盆子，花已盛开。更加神奇的是，花叶之间还有两行金字：“云横秦岭家何在？雪拥蓝关马不前。”被贬之前的韩愈未能解其深意，直到自己因排斥佛道之学被贬潮州，路过蓝关时，才幡然醒悟。

有关这个韩湘子，韩愈写过一首诗《徐州赠族侄》：

击门者谁子？问言乃吾宗。

自云有奇术，探妙知天工。

按此推断，这个会点道术的人应该是韩愈的侄子，而不是他的侄孙韩湘。

但后来的道士们不管你是韩愈的侄子还是侄孙，都统统归到韩湘子身上来。

从韩湘子的民间传说里，我们大致可以推断出，儒、释、道三家在当时经历了长期的并存与相互融合。

历史往往就是这样，他们相互之间不断地纠缠，不停地阐释，不断地消解，不住地借鉴，于是便产生了一个个精彩绝伦的新故事。

第 38 弹

刘海哥和赤脚大仙竟是同一个人

学道之前，我和大家一样，过了一段忙碌的上班日子。

那时，单位里有一个同事，他每天上班也不急于要干什么，下班了也不着急走，甚至有时候，自己心情不痛快，几天都不来单位。单位里的人都非常羡慕他这样的生活，觉得他像散仙一样。

散仙在汉语词汇表里比喻的是那种狂放不羁、自由闲散的人。但在道教里，散仙专指那些天界中未被授予官爵的神仙，他们靠自修自学，过着无拘无束、逍遥自在的生活。

在中国的神话体系里，就有这么一位散仙，以一双大脚令人过目不忘，他就是赤脚大仙。

小时候看《西游记》，里面有一幕至今让人记忆犹新：赤脚大仙要去赶赴王母娘娘的蟠桃盛会，碰上偷去蟠桃会的孙悟空，结果被孙悟空来了个“狸猫换太子”，最后蟠桃会也没去成。

孙悟空自己本要强去赴会，却问：“老道何往？”

赤脚大仙如实回答：“蒙王母见招，去赴蟠桃嘉会。”

孙悟空接着编：“老道不知，玉帝因老孙筋斗云跑得快，特意吩咐老孙分五路邀请列位大仙，先至通明殿下演礼，后方去赴宴。”

赤脚大仙是个正直憨厚之人，哪能吃得住他这般诳语。但他明明记得每年都是去瑶池演礼谢恩，如今却被告知要去通明殿，不知天庭到底发生了什么。只是既然孙悟空都说了，大家都是神仙，想必没有骗自己的道理。作此想后，赤脚大仙便拨转祥云，径往通明殿去了。

到了之后，赤脚大仙才发现上了孙悟空的当，但为时已晚，孙悟空那边已经在蟠桃会上出尽了风头。

因为这场戏的主角不是赤脚大仙，所以他完成了自己憨厚被骗的戏份之后就飘然而去了。

在中国民间传说中，作为散仙的赤脚大仙还常常下凡到人间，帮助人类铲除妖魔。

从性格上分析，赤脚大仙性情随和，为人慷慨。他平常总以笑脸对人，对有心向善的妖怪也常常网开一面。

从形象上分析，一双光着的大脚是赤脚大仙的标配。这双大脚可不是普通的大脚，据说它武力值超强，曾降伏了众多妖魔邪祟。

民间有关赤脚大仙的传说很多，其中一个版本就在戏曲《刘海戏金蟾》中。

刘海本是憨厚本分的俗世之人，却和拥有半仙之体的狐仙胡秀英结为伉俪。二人结为伉俪的事，被在丝瓜井中修炼了五百多年的三条腿的金蟾得知。

金蟾虽然长得丑，但一直暗恋胡秀英，如今眼见自己暗恋的人嫁为人妇，心中自是妒忌万分。

为了报复这对新人，金蟾化作跛足道人，他忽悠刘海盗取胡秀英的宝物金丹。刘海中计，回去偷了胡秀英的金丹。

谁知，胡秀英用反间计，指令刘海用那颗金丹诱取金蟾的蟾丹。

金蟾因羡慕胡秀英的金丹之精美，欲占为己有，因神情过激，口齿失控，吐出了自己的蟾丹而昏倒。而刘海却双丹俱得，修成为人间之仙。

刘海戏金蟾，金蟾吐金钱。刘海将金蟾吐出的金钱通通分给了劳苦大众。

后来，刘海又经道禅祖师汉钟离、吕洞宾二仙点化，遁迹于南山朝阳洞，终于修成正果。玉帝颁旨，封刘海为赤脚大仙，主治穷、祸、福事宜。

第 39 弹

蓬莱神仙知多少

忽闻海上有仙山，山在虚无缥缈间。

唐代诗人白居易如此描绘他心目中的蓬莱仙岛。

作为中国神话重要的组成部分，蓬莱神仙系统和昆仑神话系统共同构成了中国的神话文化。从时间顺序上，发源更早的昆仑神话流传到东方之后，与苍茫无边的大海这一自然条件结合，经过历代的演变和流传，逐渐在燕、吴、齐、越沿海地区形成了独特的蓬莱神话系统。

闻一多先生在《神仙考》一文中认为，蓬莱神仙文化是由战国时东迁的齐人传过来的，而齐人又是西迁来的羌族，他们把来自中国西部不死的传说带到大海之滨，并经过历代的演变和发展，才成了今日的模样。

每一个神话的产生都有其土壤，蓬莱也不例外。

公元前 219 年，秦始皇第一次东巡便来到东海之滨。

这个刚刚统一六国，权力空前而自封始皇帝的王者，正值不惑之年，他要饱览自己的大好江山。站在海边，秦始皇举目远眺，海上风高浪急，远远看去，似乎还有一座座的海山。

不知是求长生心切而产生了幻觉，还是真出现了海市蜃楼，在这个始皇帝的眼睛里，清晰地看见了一座座仙山和楼阁。他不觉心旌摇荡，指给随行的大臣们看，大臣们也不知道看见了还是没看见，但既然皇帝都说看见了，那就肯定是有的。

然后，我们的始皇帝询问跟随的方士："你们说，那里叫什么？"

方士们急中生智，对之曰："蓬莱。"

始皇帝想着方士既然能对上来，便肯定去过，谁知一问，竟没一个方士去过。

怎么办？现有的航海条件不足以让眼前的这位王者亲自出海验证，他立即下令征召方士，替他去探个究竟。

于是，便有了后来徐福东渡的故事。

始皇帝到底有没有看见蓬莱仙岛已未可考，但蓬莱的海市蜃楼确是奇观。

每年初秋时节，海上空气湿度大，这样大面积的水蒸气在运动下阴差阳错地形成了一个巨大的透镜系统。这样远处的景物很容易被透镜折射到远处，形成亦真亦假的幻象。

《老残游记》作者刘鹗游蓬莱阁后写道："话说山东登州府东门外有一座大山，名叫蓬莱山。山上有个阁子，名叫蓬莱阁。这阁造得画栋飞云，珠帘卷雨，十分壮丽。西面看城中人户，烟雨万家；东面看海上波涛，峥嵘千里……"

唐代诗人杜牧赞曰："今来海上升高望，不到蓬莱不是仙。"

宋代诗人苏东坡道："东方云海空复空，群仙出没空明中。"

有关蓬莱仙境的诗文很多很多，在这里就不一一列举了。

也许是受了始皇帝的刺激，也许是文治武功的皇帝都喜欢追求长生之术，汉武帝也亲自来到东海之滨，想看一看传说中的海上仙山，只是最后他未能如愿。

怎么办？汉武帝心想，没有仙山，我们便造一座仙山出来。

他命令，就在此地筑城，命名蓬莱。

这便是蓬莱这一地名的由来。

虽然地名是汉武帝起的，但有关蓬莱仙山的传说早就有了。

《山海经》载："蓬莱山在海中。"后来的《史记》也有记载："自威、宣、燕昭使人入海求蓬莱、方丈、瀛洲，此三神山者，其傅在勃海中。"可见最早的蓬莱是指在海中的三座岛屿，汉武帝寻而未果，便自筑城命名蓬莱，聊以自慰。

梳理历史我们会发现，应该是海市蜃楼的奇观在先，再加上当地人崇尚神仙的习俗，渐渐便有了神仙的传说。这些传说又经过人们口口相传，传到统治者的耳朵里，才有了后来秦始皇寻仙、徐福东渡、汉武帝命名的故事。

蓬莱的神仙文化是昆仑神仙文化传到当地之后，融合当地而逐渐兴起的。

根据明清一些地方志记载，蓬莱的神仙多达数十位。据传，海神娘娘、福禄寿三星、龙王爷等都是著名的蓬莱籍神仙。

元末，由于全真教的兴起，八仙传说中的吕洞宾、汉钟离成为该教北五祖中的人物。各类神仙传说也纷纷牵强附会于蓬莱，这些神话传说再经过民间通俗文化的洗礼与传播，蓬莱更是和神仙出没之地画上了等号。

第40弹

十三太保里的第一太保是谁?

小时候非常喜欢看一部电影，叫《上海滩十三太保》，它里面有一句非常酷的台词：十三太保，一夫当道！教头快刀，浪子富翁，学生少爷，熊虎鹰豹，眼镜烟嘴，长枪难逃。

从这句台词里，我们可以知道，十三太保各个武力值超赞，任何一位出去都可以独当一面。长大之后才知道，历史上确实有十三太保的原型。

十三太保分别是唐朝末年节度使李克用的十三个儿子。传说，李克用这十三个儿子勇猛异常，他们护佑着李克用在乱世之中全身而退。

李克用之后，各地豪杰争相效仿，“十三太保”如雨后春笋在民间大地上迅速蔓延。

人们一度相信，凡成大事者，必须得有十三太保来保驾护航。

民国时期，蒋介石创立的复兴社就有十三太保。太保们各个心狠手辣，替蒋介石干了不少坏事。

其实，太保的称呼由来已久，连唐朝的李克用都不是首创。

道家很早就有东岳十太保的传说。

相传东岳大帝作为冥界的主宰，统治着极其庞大的阴曹地府。这么庞杂的鬼蜮世界，只靠东岳大帝一个神肯定不行，所以，他设置了很多的官僚机构。这些官僚机构的神成了他重要的助手，像十殿阎罗王、判官、城隍等。其中，东岳十太保便是东岳大帝统治鬼蜮最重要的助手。

东岳大帝十太保分别是温元帅、李元帅、铁元帅、刘元帅、杨元帅、康元帅、张元帅、鄂元帅、孟元帅、韦元帅。在这十大太保里，第一太保就是温元帅。

温元帅身兼数职，在民间的影响也最大，现在各地的庙宇里大都还供着温元帅的神像。

那么第一太保温元帅究竟何许人也？

据宋濂《温忠靖公庙碑》记载，这位温元帅本是泰山神。

相传，温元帅姓温，名琼，浙江温州人。他父亲温望老来无子，夫妻二人常常在神仙像跟前祈求子嗣。一日，其母张氏忽然梦见一个神仙举着一个大火球从天而降，那神仙自称天火之精，特来人间降下神胎。一道神光普照，没过多久，张氏便有了身孕，怀胎十月，诞下一男婴，取名温琼。

既然是神仙下凡，温琼自幼便异于常人。据说，他七岁就开始学习推算星象，十岁便能背诵经书，只是仕途不太顺，十九岁开始参加科举考试却屡试不中。

一身本领却无缘仕途，温琼不免心生感慨："像我这样的奇男子，如果不能帮助圣主来锄奸灭恶，真是有负天恩啊！"

温琼惆怅之际，忽见一条苍龙扔下一颗珠子就消失了。伤心落魄的温琼捡了珠子就吃了，估计是想寻短见。谁知道吞服了珠子之后，温琼忽然变了一个人。红发、青面、蓝身，神力亦增加不少。

剧本早就写好，既然上天派你来人间，自然也会派人来收你。东岳大帝听说温琼勇猛异常，便赶紧招致麾下，封其为“佐岳之神”。玉帝也对温琼大加敕封，封其为“亢金大神”，位列岳府猛将众神之首，名副其实第一太保也。

但是，有关温琼的来历，历代说法并不一致。

明代小说《北游记》中，温元帅成神之前还是个卖豆腐的，这个温元帅居然不姓温而姓雷。

在温元帅的家乡温州，民间还流传着这样一个版本：温琼原来是个屡试不中的秀才。某晚，他忽见有疫鬼投毒于井。为了阻止众人汲水，温琼奋不顾身投井而死。后经众人捞起，他全身已经变成蓝色。为了纪念他，众人纷纷筹资给他盖庙。

后来这件事被天庭获知，天遂民意，遂封其为泰山神。

第41弹

鬼帝的带头大哥是谁

周以前，就有人死之后分为魂与魄的说法。人死之后，魂归于天，魄凝于地。

人活着时生活的地方为阳间，死后生活的地方为阴间。

而一提起阴间，人们又想当然地以为阎王是带头大哥。其实，在中国古代神话传说中，酆都大帝才是幽冥地界的“扛把子”，主管天下的所有鬼魂。

万物生灵身死之后均被打入到地狱，其魂魄无不隶属于酆都大帝管辖，并且还要以生前所犯之罪孽，把魂魄分出三六九等。

在与传入的佛教文化融合之后，中国神话中的幽冥系统变得异常复杂。

毕竟不能大事小情都要仰仗酆都大帝，于是便有了十殿阎罗王、地藏王等等。除此之外，还有五方鬼帝，它们分别管理一个方向的鬼，负责阴间的各项事宜。

首先讲讲东方鬼帝。

东方鬼帝实际上是两位神仙——神荼和郁垒，他俩都是商周时期人。王充《论衡·订鬼》所引《山海经》：“沧海之中，有度朔之山，上有大桃木，其屈蟠三千里，其枝间东北曰鬼门，万鬼所出入也。上有二神人，一曰神荼，二曰郁垒。主阅领万鬼。恶害之鬼，执以苇索，而以食虎。于是黄帝乃作礼，以时驱之，立大桃人，门户画神荼、郁垒与虎，悬苇索以御凶魅。”此段引文不见今本《山海经》，不知何故，按下不表。

既然是万鬼出入的地方，那资格肯定要比其他鬼帝老很多。他俩相当于酆都大帝的副手，而且世间众鬼都要经过这两位鬼帝捋一遍，这就相当于现在物流分拣员的工作，把各种鬼魅归类、入册。

北方鬼帝是张衡和杨云。张衡就是历史上那个发明地动仪的人，他因缘际会成了北方鬼帝。杨云是一个酒鬼，作为古代一位善饮者，他同时潜心修道，业余时间还掌握了医术，这就很容易被人们神化。

有关南方鬼帝杜子仁的记载不多。从地理上推断，可能跟其出身于遥远的南方有关，当时的南方还是蛮夷之地，所以记载就少了些，大概也是因为生前德行不错，死后被百姓拥戴为鬼帝。

西方鬼帝是王方平，他生于东汉，年轻时一心入仕，后来觉得官场并不适合自己，便退隐山林，潜心修道，后来位列仙班。还有一位是赵文和，可能也因为人品不错，所以能被人们奉为鬼帝。

中央鬼帝为周乞和嵇康。中央鬼帝的产生和汉代“罢黜百家，独尊儒术”有很大关系，儒家认为，一个人可以通过自己的努力来完成人格的提升，所以像周乞、嵇康这种在贫民阶层混出来的人反而容易取得人们的尊敬和认可。

五方鬼帝的产生与人们信仰善恶自有报的因果有很大关系。五方鬼帝在民间的震慑作用很大，而统治阶级也正是利用了这一点来麻痹人民以利社稷。

第 42 弹

崔府君：包拯学的是我

中国的鬼蜮世界，机构庞杂，门类繁多，这有点像人世间林林总总的机构名目，你若不专业，肯定搞不清楚其中的状况。

之所以出现这种情况，看似无法理解，其实仔细想想，也很容易想通：鬼蜮世界不就是人们按照自己的现实生活勾勒出来的吗？

鬼蜮世界在几千年的历史延续、演变过程中，被后人依照自己的想象添油加醋演绎出各种版本。至于哪一个版本的可信度更高，这就要看人们是站在谁的立场上去解读、阐释了。

阎王无疑是整个鬼蜮世界的扛把子。

他统管了幽冥世界的一切繁杂事务，但幽冥世界太大，需要处理的事情多如牛毛，作为其得力助手，判官的存在不可或缺。

民间有记载的判官名字数不胜数，如果按照判官的职能划分，大致可以分为四类：掌善簿判官、掌恶簿判官、掌刑判官、掌生死判官。

这里面权力最大的就是掌生死判官，被称为首席判官。

崔府君就是鬼蜮世界的首席判官。

作为中国民间信仰的神仙之一，历史上并无崔府君其人，其名在元代之前都是模糊的。但在民间，崔府君被传得神乎其神，后世的人们给这位鬼蜮的大判官编织了荣耀、正直的一生，概因当时遭受苦难的百姓，迫切需要这样一个阴间的神仙，来辨识他们善良的一生吧。

相传，崔珏生于公元585年，唐太宗时授长子县令，后历任滏阳县令、卫县令、蒲州刺史兼河北二十四州采访使。

安史之乱后，因其曾显灵于玄宗，被封为灵圣护国侯。

宋仁宗景佑二年（公元1035年），加封为护国显应公，元符二年（公元1099年）改封为护国显应王。

金兵南下，崔珏显圣挡驾，泥马渡康王。南宋淳熙十三年（公元1186年）改封为真君。

像游戏之中打怪升级一样，崔府君的地位也随着其事迹日渐增高。而民间的信仰和传颂则让膜拜他的人数越来越多，于是供奉崔府君的庙逐渐也多了起来。

那么，民间有关崔府君的传说又是怎样的呢？

据传，当年崔珏的父母老而无子，一次去衡山求神，碰到几个年轻人，给了崔珏父母一个箱子，言称是上天赐予的。他父亲打开箱子一看，只见里面放着两块玉。其母不久便生下了他，取名子玉。

既然是上天恩赐的，当然与常人不同。崔子玉自小聪颖过人，后来做县令还能预判各种刑名，当地老百姓自然只有大写的“服”字。

据说崔府君在治理地方的时候，就已经开始管理地府的事情了。

有一次，一个人因为违反了他颁下的禁猎令，被崔府君审理，崔府君问那个人是愿意在阳间受罚还是阴间受罚。那人觉得很可笑，便诡称自己愿意去阴间受罚。结果到了晚上，阴间果然派了两个差役来缉拿他，到了阴间之后，审理他的还是崔府君。

据《列仙全传》记载，他昼理阳事、夜断阴府。

崔府君能够在阴阳两界随意切换，这个功能确实强大，一般的神仙还真是做不到。单凭这一点，崔府君的“神设”就已经完全立住了。现在有些明星，一直给自己弄“人设”，可是当你的人设和你的实际不符，人设就会崩塌，到时候难堪的只能是自己。在这一点上，我们崔府君的神设就相当缜密，无懈可击。

有关崔府君的神奇故事在《西游记》中有详细的描述：据说唐太宗弥留之际，非常忧虑，大臣魏征深解圣意，他手书一封，让太宗去地府时呈给酆都判官崔府君看。太宗不解，魏征解释，那酆都判官崔珏在世时与自己是八拜之交，如今他作为鬼蜮的首席判官，肯定会念自己的薄面，把太宗给放回来重享人世极乐。太宗到阴曹，将魏征之手书交于崔珏，崔珏遵好友之意，提笔在生死簿上太宗的名前，将阳寿期限“贞观一十三年”改为“贞观三十三年”。太宗在鬼门关前走了一遭，又奇迹般地还阳了，从此多活了二十年。于是有关崔府君的神设又添了新的证据。

这种为帝王排忧解难的事，崔府君还干了不少。像“泥马渡康王”等故事在民间流传也很广。我们不妨站在一个新的角度去思考，一个既能为百姓披肝沥胆，又能为朝廷排忧解难的完美人物，自然是非神仙莫属。所以，崔府君的神设得到了当时帝王和百姓的一致拥护。这一方面反映了历代帝王渴望自己的权力能够得到神灵护佑，另一方面也反映了历代百姓都渴望多出一些为百姓办实事的清官。

但中国神话的真正有趣之处是，即使你有再坚定的神设，老百姓也有更改它的权力。在《三宝太监西洋记》中，鬼蜮的首席判官崔府君就被描写成一个霸占美妇人的好色之徒，结果被五鬼狠狠揍了一顿，演了一出“五鬼闹判”的喜剧。

第 43 弹

钟馗：捉鬼大汉文采高

我隐约记得，大概是上小学时，村里来了一个河南的说书先生，他满脸胡茬，皮肤黝黑，一张嘴，便露出一口森森白牙，甚是恐怖。他在村里待了一个礼拜，专讲鬼怪故事，吓得我们一群小伙伴都不敢独自回家，还得各家的大人领回去，一路上大家就给他起了个外号叫钟馗。

说起钟馗这位爷，在我的记忆里，他就是专门对付一切魑魅魍魉、鬼魅妖狐的，所以有关他的记载，我格外地感兴趣。

首先，关于钟馗的来历，许多记载都各有表述，一说钟馗乃终南山人也，后人有好事者进行考证，也说法不一。有关钟馗的传说，在唐以前就已经有了，唐朝《北史》载：“北朝有人名钟葵，字辟邪。”到了唐朝时，钟馗的传说愈发生动传神起来。其中，据《事物纪原》载，唐开元年间，唐明皇从骊山校场回到长安，突然身染恶疾，方士们绞尽脑汁，忙活了很长时间，唐明皇的病就是不见好转。某日深夜，唐明皇梦见一个小鬼，身穿红衣，一只脚光着，一只脚穿着长靴，腰间还挂着一只靴子。这个牛鼻子小鬼竟然当着唐明皇的面盗走了杨贵妃的紫香囊和他的玉笛，这真是岂有此理！唐明皇大怒，怒斥了小鬼。

小鬼并不和唐明皇理论，只是默默站在黑暗处。

一人一鬼对视之际，只见一个头戴破帽、身穿红袍、腰束角带的黑影蹿出，直接就去捉拿小鬼，还用手指抠出了小鬼的眼睛，大口吃下。

唐明皇惊慌地问他是谁，他说自己乃终南进士钟馗也。

说起自己的身世，那黑影娓娓道来："有一年考中进士，由于皇帝嫌弃我的长相丑陋，决定不录用我，一气之下我就在宫殿的台阶上撞死了，死后我就只能从事捉鬼的行当了。"

说完之后，那黑影也消失在黑暗之中。

唐明皇一觉醒来，病一下好了，于是召大画家吴道子进宫。吴道子按照唐明皇的描述，画出钟馗画像，唐明皇命人将其悬于宫中以避邪镇妖。

按照此记载，钟馗确是唐初长安终南人，生得铁面虬鬓，相貌奇异，却是个才华横溢的人物，平素正气浩然，刚直不阿。高中进士后因为相貌丑陋，未被录用，于是含恨而死。由此可见，唐朝也是个看脸的时代。

从清朝人所作的小说里，同样的剧情，只是时间被往后挪了挪，挪到了唐德宗时期。唐德宗在钟馗自杀后，追封钟馗为"驱魔大神"。

无论是唐明皇时期的钟馗，还是唐德宗时期的钟馗，都有一个特点，那就是长相确实不怎么样，要不然不会生前无法中举，死后还要领一个捉鬼的差事。

有关钟馗，还有一个传说。《斩鬼传》里记载：钟馗被封为驱魔大神后，率三百阴兵过了枉死城，在奈何桥上遇见了一个小鬼拦路，小鬼自称原本是田间鼹鼠，偷喝了奈何水后，生出两只翅膀，化作蝙蝠，凡是有鬼的地方，没有人不知道它。

今天流传下来的一些有关钟馗的画里，大多会有一只蝙蝠，“蝠”者“福”也，既捉了鬼，又赐了福，真可谓一举两得。

随着钟馗捉鬼职能的确立和演绎，民间关于钟馗的文化延伸更是丰富，传承了一千多年的灵璧钟馗文化，就是中国民间艺术长河中的一脉。

旧《灵璧县志》载：“（灵璧县民）岁岁逃亡，十不存五。”为了生存，逃亡的难民中出现了很多杂耍艺人，他们一边流亡一边靠表演杂技、木偶戏、皮影戏等维持生计。其中，在民间影响力最为广泛、最具民俗文化价值的当属钟馗文化。在钟馗这个形象上，寄托了流亡民众渴望安定的朴实愿望。

沿着这个朴素的愿望出发，人们不但创作出了钟馗捉鬼的故事，还创作了钟馗嫁妹的神话。据老人们讲，钟馗当年因为状元之位被皇帝免去后，一气之下，撞阶而死，而与其一同应试的同乡好友杜平将他好生安葬，钟馗为了报答杜平的情义，在除夕之夜，率众鬼卒回到家中，将自己的亲妹妹嫁给了杜平。

从民俗的角度看，后来关于钟馗的一切传说，就都显得有些道理了。

第 44 弹

大力鬼王的豆腐渣工程

阅读中国神话，你会发现一个很有意思的现象——儒、释、道之间，神仙们是来回客串的。有时儒家的神仙去道家那里客串，有时道家的神仙又去释家那里客串，这种交叉联结甚是有趣，神仙们的职位也因客串出现了不同程度的变化，但万变不离其宗，神仙终归是神仙。

横向比较，他们之间的关系似乎有点复杂。其实也并非复杂，用专家们的话说：儒、释、道本一家也！既然都一家了，自然就没必要分那么清楚。

今天要给大家讲的这位，是个在儒、释、道里武力值都很高的鬼。

他就是三大鬼王里的大力鬼王。

小时候听说书人讲故事，鬼王这一形象可谓被老先生们描绘得阴森恐怖，小伙伴听完之后，几乎都不能站起来走路了。

那么，传说中的大力鬼王又是怎样一个形象呢？

关于大力鬼王，佛道两派各有表述，在佛家传说里，大力鬼王原来是一位国王，一生乐善好施，甚至有点强迫症，只要你能提出来的条件，他都会满足，碰见讨饭的乞丐，他甚至可以把自己的全身家当施舍给人家。

这事传到帝释天的耳朵里，帝释天大吃一惊，心想：天下还有这样的人吗？于是化身一乞丐，找到大力鬼王，张口就要大力鬼王的王位，这一招真狠，大力鬼王犹豫了一下，说：“王位还是不能给你。”但为了表达歉意，大力鬼王就砍下了自己一只手送给了帝释天。这一招更狠，搞得帝释天也无计可施。从这个传说中可以看出来，大力鬼王确实不是吃素的。

在道家的传说里，大力鬼王的形象就可爱得多了，其中最著名的一个传说是“瑶池事件”。话说当年，大力鬼王从玉帝那里揽下了一个大工程——修建瑶池。这事搁今天也是一件惊天动地的大活儿。

常言道，有利益的地方，就容易滋生腐败。大力鬼王岂是什么善男信女，肯定得趁着搞工程大捞一笔呀。

于是，拿到工程款之后，大力鬼王首先想的不是如何按照鲁班的设计图纸来督造瑶池，而是贪墨公款，偷偷包起了二奶，把工程往手下小鬼那里一摊派，自己就逍遥快活去了。

小鬼们接到命令后，开始按照图纸建造瑶池。一时间，挖坑的挖坑，造桥的造桥，忙得不亦乐乎。忽然有一天，小鬼们发现木料不够了，便赶紧报告大力鬼王。

大力鬼王跑到工程现场一看，立即火冒三丈地对小鬼们说：“让你们建造瑶池，你们挖那么大坑干什么？”

小鬼们如实禀告：“这些都是严格按照图纸来的，而且工程款不是已经到位了吗？”

大力鬼王闻言勃然大怒：“你们从哪里听到的这些小道消息，就在这里以讹传讹？再说了，图纸这个东西是死的，鬼是活的，你们就不能开动一下脑筋吗？”

小鬼们面面相觑，一时间实在想不出办法来，大力鬼王看到正在修建的大桥，每一个桥墩都有井口粗细，忽然心生一计，对前来讨要木料的小鬼们说：“你们脑袋是不是被驴给踢了，坑挖得大点也就罢了，桥墩弄那么粗干什么？”

小鬼们只好以图纸之说应对。

谁料大力鬼王说道：“你们动动脑子好不好，能来这里聚会的都是什么人，大家都是神仙，自然用不着这么大的桥墩来承重。你们把桥墩改细，剩下的材料不就匀出来了吗？”

小鬼们只得照办，如此这般了几次，桥墩已经只有麻秆粗细了。

这名副其实的豆腐渣工程，不禁让我想起了现实社会中一个关于承办工程的故事：大包工头甲从建筑商乙那里拿到工程款，转手把工程以更低的价格承包给了丙，丙抽成之后又转包给了丁，最后落到最小的包工头那里时，已经经历了几层的盘剥。最小的包工头还得按规划好的图纸盖楼，无奈之下，只好采取把钢筋拉细、克扣农民工工资等手段。

说回瑶池，这样一个标准的豆腐渣工程在大力鬼王的督造之下终于完工了。

为了检测一下大桥的承重能力，大力鬼王还亲自到桥上试了一下，这一试不要紧，他一脚踩上去，整个大桥瞬间倒塌，大力鬼王狠狠地摔到了水池之中。

事故一出，想捂也捂不住，这事儿很快传到了正在参加剪彩仪式的玉帝耳朵里。

玉帝勃然大怒，以为是图纸出了问题，当场缉拿鲁班来问罪。

后来发生的事，颇具传奇喜剧色彩：鲁班凭借三寸不烂之舌，硬生生把这件祸事解释成了祥瑞之兆，再加上天蓬元帅在一旁帮腔使力，最后搞得玉帝不但没有责罚大力鬼王，还对他重重表扬了一番。

故事的结尾更是一出神间喜剧：帮忙圆谎的鲁班呵斥了贪墨公款的大力鬼王。大力鬼王到二奶那里要回了克扣的工程款。二奶一看大力鬼王无利可图，更无色相，便离他而去。失去爱情的大力鬼王一心扑在事业上，重新建造了一座货真价实的桥。玉帝甚是高兴，降下旨意，邀请众仙家再次光顾瑶池开业大典。

我有时候特别佩服祖先们丰富的想象力，他们总能轻松地把神仙的生活世俗化、喜剧化，而不是让其高高在上、装模作样。

除此之外，有关大力鬼王的传说还有很多，像帮助玉帝捉神钟，在西游里帮二郎神打败孙悟空等，这里就不一一细说了。

第 45 弹

牛头马面：我俩就不该吃那一顿饭

在各类神话剧中，牛头马面是不可或缺的重要角色；民间神话体系里，这两个也是大家喜闻乐见的阴神。

小时候，说书先生讲书时一旦碰见小孩子捣乱，便猛敲两下竹板，大喊一声“牛头马面来了”，小伙伴们便再也不敢嬉闹，场面立刻静下来。

为什么大家对牛头马面耳熟能详？这和二者的容貌辨识度高有很大关系。

民间传说中动物形象大多是妖魔（神仙们的坐骑也都是妖魔修行而来的）。严格来说，牛头马面属于鬼卒，在阴曹地府是有编制的。

《五苦章句经》载：“狱卒名阿傍。牛头人手，两脚牛蹄，力大足以排山，持钢铁叉。”

这是能够查证到的最早的关于牛头的记载。它在中国的传统文化中以勾魂使者的形象出现。《铁城泥犁经》载：阿傍为人时，因不孝父母，死后在阴间为牛头人身，担任巡逻和搜捕逃跑罪人的衙役。

佛教著述里最早只有牛头，传入中国的时候，由于中国传统喜欢讲究对称美，才又创造了一个和牛头对应的形象——马面。

笔者查阅相关的资料，有关牛头马面的出处并不尽相同，而且两个鬼卒出现的时间上亦有先后顺序。密宗里的“马面明王”和此马面虽然形象相似，但马面明王是密宗里的一位大神，所以和马面应该不是一回事。

在漫长的宗教交流融合中，佛、道之间相互借鉴。一些佛教中的大神在道教中亦有其相对应的职位，反之亦然。这些神仙从典籍中走下来，走进民间又完成了一次次的蜕变。这种大融合符合广大人民群众根据自己喜好对各路神仙进行再创作的规律。而且经过民间的再创作，这些神仙的市井烟火气更加浓厚，更接地气。

所以，从传播学角度上讲，民间的神话再创作更助长了神话的流传。

在这类民间传说里，牛头马面被塑造成爱占小便宜的鬼卒。它们利用职位之便，有时候还搞点违法乱纪的事，甚至偶尔还“鬼性”一现，同情心泛滥。

在许多影视剧中，两位鬼卒被刻画得惟妙惟肖，活灵活现。究其根源，它们的形象与人间差役并无本质不同。相传，牛头马面本来在地府的职位虽不算高，但有一定的实权（就像现在的小官巨贪一样）。

当年酆都城外，有个马员外。马员外家财万贯，唯一令人遗憾的是，自己年逾六十，家中却只有独子。古时，人的寿命普遍不长，抵御疾病的能力也较弱，很多孩子还没成年就早早地夭折了，作为家财颇丰的马员外自然更会有担忧。

为了给自己的家财传承上个双保险，马员外一口气娶了十一房小妾。如此这般地一通忙活，效果却差强人意。为了子嗣的事，马员外可算是操碎了心。他求神拜佛，施舍行善，但最终一无所获。每当夜深人静的时候想起这件事，马员外就愁绪万千，然而天不遂人，他一筹莫展。

不过，值得欣慰的是，马员外的儿子总算有惊无险地活到了十八岁。眼看着儿子就要成年，自己的担心变得多余，马员外心中窃喜。

儿子十八岁生日那天，马员外心中石头落地，准备大宴宾客。他下完请帖之后，准备出门置办酒菜。说来也巧，他刚一出门，就有个八字先生从门前经过，口中振振有词："算命喽，算命喽！不准不要钱！"

历来笃信因果的马员外赶紧走上前，与那算命先生客套了一番，紧接着他便把先生请进宅邸之中，好茶伺候上。

算命先生也不说话，自顾自地低头喝茶。马员外首先打破沉默，请先生为自己儿子算下命理。算命先生问了马员外儿子的生辰八字，掐指挠头，闭眼一算，大叫一声"不好"。马员外的魂都快给吓没了，赶紧追问究竟。

算命先生告诉马员外，从八字上看，其子虽衣食无忧，只可惜阳寿太短，只有十八年。

马员外猛听如此噩耗，自然招架不住，吓得嘴唇发紫，双腿发抖。过了好一阵，他稳了稳心神，才想起要那算命先生给出化解之法。算命先生一看，时机来了，便故作神秘地说："令公子阳寿已尽，凡人肯定束手无策，但……也不是完全没有办法。"

马员外一听，喜出望外，赶紧询问算命先生如何破解。

算命先生告诉他，想要救儿子一命，他必须在明晚子夜之时，置办好一桌超级丰盛的酒席，然后把这酒菜送到"鬼门关"前十二台阶上，到时候，那里会有两个下棋之人，马员外一定要再三礼让，切莫急躁，唯有此二人吃了酒，才能救下公子性命。

听算命先生如此这般一说，马员外赶紧应承下来。

翌日子夜，当马员外带着酒菜来到鬼门关前，果然看见有两个人在专心下棋。此二人正是牛头和马面。想起算命先生的吩咐，马员外不敢造次，只好跪在那里静等二人。

眼看着他们的第一盘棋下完，马员外见缝插针地问：“二位爷，先吃些东西再下棋吧。”那二人似听非听，也不答话。

如此三番，搞得气氛很尴尬。没有办法，马员外只好打开食盒，丰盛的美食溢出来的香气令下棋的牛头马面再也不能定心下棋。如此好意实在难却，二鬼使了个眼色，以迅雷不及掩耳之势，把马员外带的美食一扫而光。

俗话说，吃了人家的嘴短。美食被一扫而光后，始终不见马员外起身。牛头马面心领神会，问：“到底摊上什么事了？”马员外如此这般一说，牛头马面可着实为了难。

一方面，地府里纪律严明。俗话说，阎王叫你三更死，谁也不能保你过五更。既然其子阳寿已尽，那自然是要进入生死轮回的。

另一方面，刚吃了马员外的一顿美食，这时如果一口回绝，就有点太不尽鬼情了。

气氛依然很尴尬。

马员外急中生智，对着牛头马面说，他也有个亲戚在地府里任职，如果二位的职权办不了，他只好去求自己这位马兄帮忙了。

马面一听，地府里只有他一位姓马的官员，这马员外口气不小，完全不把村长当干部。牛头嘲笑马面：“你啥时候在阳间还有个兄弟？”

马面一头雾水，连连摇头，矢口否认与马员外有任何干系。

马员外智商果然非常人可比，当场编造了一个弥天大谎：“你们死之后不也进入轮回了吗？既然进入轮回，那肯定喝过孟婆汤，既然喝过孟婆汤，人间的事自然也就不记得了。再说，一笔写不出两个马字，既然这位爷也姓马，那便是兄长无疑。”

他这番话即使放到现在职场上来处理人际关系，也是屡试不爽的。正所谓伸手不打笑脸人，何况你牛头马面还吃了人家的。

就这样，牛头马面被马员外一忽悠，还真就上了套，放了马员外儿子的一条性命。只是后来，这事被阎罗王得知，牛头马面被打了板子，还被降了级，神通被收去了部分，还原回自身牛头马面的形状。

从这个小故事里，我们可以得到三个信息：

一、马员外很爱自己的儿子；

二、牛头马面是不折不扣的吃货；

三、阴曹地府纪律严明，神仙犯了错也会受到惩罚。

第 46 弹

祭祀烧纸时别忘了他们

中国很早以前就有专门记录和编撰历史的官职，统称史官。大家耳熟能详的像司马迁、班固、陈寿等，他们都尽量客观翔实地记录了历史事件。后来还演化出专门记录皇帝言行与政务的起居注史官和专门编纂前代王朝历史的史官。

后来，人们便把这一官职引入中国神话系统。

那么，在神话中专门记录神和人的历史的神仙又是谁呢？

我遍读中国神话故事，发现能够无缝对接这一人间职称的神仙确实没有。跟这个职位大致相同的神仙倒是有，那便是四值功曹。

四值功曹为值年、值月、值日、值时四神，相当于天界的值班神仙。这四神分别是值年神李丙、值月神黄承乙、值日神周登、值时神刘洪。

功曹这个称呼最早也是来自人间的官吏名。在汉代，他们一般作为郡县的帮手。他们主要的工作是考察、记录功劳，掌管功劳簿。后代一直沿用这个称呼，到明代才废除。后来，这一职称被道教的理论家借去，在天庭的管理系统中植入。

在中国的神话小说《西游记》中，四值功曹的武力值一般，功能却比较多。

他们除了记录神仙的功劳，还兼做守护神将，同时还兼做传令官。

彼时，孙悟空大闹蟠桃会并安然逃出天宫后，玉皇大帝勃然大怒，他命四大天王、托塔李天王、哪吒三太子，点拔二十八宿、九曜星君、十二元辰、五方揭谛、四值功曹、五岳四渎等，布下天罗地网，捉拿妖猴。

在这个阵仗里，四值功曹并非冲锋陷阵者，而是专门为诸将记功劳的，无奈那妖猴神通广大，天兵天将拿他没有办法，弄得功曹无功可记。

后来他们终于给二郎神记上了一功，因为他拿住了孙猴子。

除了记录神仙功过，四值功曹还有信使的职能。唐僧师徒过平顶山时，值日功曹变作樵夫，给唐僧师徒通风报信，让他们事先有所准备。

在一些古典小说中，四值功曹还负责传达人间会法术的僧道的表文。《红楼梦》里，秦可卿死后贾府大办丧事，他们请来一些僧道前来超度。僧道们焚烧符咒，为秦可卿念经作法，上表功德，四值功曹就负责把这些消息记录下来，作为死者的履历通知天庭。

四值功曹各有分工。出镜最多的应该是值日功曹，他每日都要当班司事。法师、道长作法时，动辄就喊“值日功曹何在？值日功曹何在”。现在的学校，依然保留了“值日生”这一称呼，明显是借用了值日功曹的这一称呼。

与民间的功用大同小异，道教理论家把四值功曹当作他们公文传送的神职人员。

在道教的祭祀仪式中，作为凡人和神仙的之间的联络员，四值功曹是必须祭拜的。要是缺少了这一环节，人间和天庭传递消息的渠道便会被堵塞。

人们想当然地认为，既然要在人间和天庭之间充当联络员的角色，传达人类的愿望和诉求，那么给他们点路费是情理之中的事情。

无论是在农村还是在城市中，至今很多地方的城隍庙里都有专门祭祀四值功曹的地方。

由此可见，四值功曹虽是小神，作用却是不可替代的。

第 47 弹

金童玉女竟是一对冤家?

神仙们逍遥自在，无所不能。作为点缀，他们身边的小跟班自然是不能少的。

古人也很势利，他们根据神仙跟班人数的多少来判断神仙的级别，就像现在黑帮影视剧中，我们根据对峙双方身边小弟的多少，来推断哪个才是真正的大佬。

千百年来，人们对神仙的向往都是非常热切的。我们勾勒了一幅幅美轮美奂的仙境美景：无忧无虑的神仙们腾云驾雾，身边簇拥的金童玉女郎才女貌，他们没事就在天上飞来飞去，参加各种神仙聚会。

当然了，也可能是人们对这种极致享乐的向往，才衍生了神仙世界的世俗画卷。

据说，高级天神太上老君身边有金童玉女各三十万，也就是说，他有六十万个听差的。也不知道太上老君一天有多少仙务需要处理，不然的话，这六十万个金童玉女也够闲的。太上老君跟班的已经很多了，但与元始天尊相比，可就是小巫见大巫了。

据《高上玉皇本行集经》记载，头号天神元始天尊竟有金童玉女九千万。

真是贫穷限制了我的想象力，这种极尽奢华的服侍天团真是让我等凡夫俗子惊掉了下巴。

人们既然创造了这么多的金童玉女，那么他们的职能又是什么呢？难道他们就只是那么清净无欲地站在神仙跟前，一站就是几万年？

据《汉武帝内传》记载，某日，汉武帝正在宫中溜达，忽然碰见一个宫女模样的青衣女子，但是自己宫中又没有这种衣着，于是上前去问那女子是谁。青衣女子自称是王母娘娘的侍女，这次下凡是替王母传递消息的。由此可见，神仙仙体尊贵，一般有什么事情要联络凡间，都是由身边的金童玉女通传。

北方真武大帝身边也有一对金童玉女。金童玉女捧册端宝，分列于真武左右。他俩的身份和现在的秘书差不多，不仅分掌威仪，还负责记录三界之中的功过善恶，权力不是一般的大。

由此可见，跟班的职能主要取决于他们服侍的神仙们的需求。

宋元时，一些戏曲中开始大量出现金童玉女的形象。当然了，戏曲中也对金童玉女的形象进行了大胆的改编：元代贾仲明著的《铁拐李度金童玉女》杂剧中，王母举行蟠桃盛会，金童玉女因为一念思凡，便被王母贬下人间，配为夫妇。后来王母娘娘又命铁拐李度二人成仙归真，重新回到天庭伺候她老人家。

元明时期的南方戏曲又把金童玉女说成是周公和桃花女。

在《破阴阳八卦桃花女》等剧中，算命人周公自摆摊算命以来从未出过岔子。无巧不成书，一日，石婆婆前来算命。周公掐指一算，石婆婆的儿子必遭横死。石婆婆赶紧回家，归来途中遇上桃花女，桃花女教她破解之法，救下了儿子。石婆婆找周公理论，说她算命不准。后来彭祖找周公算命，周公亦断定他必死，却又被桃花女给破了。如此一来二去，心里失了分寸的周公便设计让儿子把桃花女娶回家，心想这回看我怎么收拾你。谁知道，他屡次施法却被桃花女屡次破功，有一次还差点害死自己女儿。眼看二人梁子越结越深，大有你死我活之势，这时，真武大帝出场，言明真相：原来周公与桃花女是天上的金童玉女转世，现在业缘已满，理应归天复位。

真乃不是冤家不聚头也！

元明的很多戏剧中都有与此大致相同的剧情，由于故事情节的改编和戏剧的传唱，金童玉女和周公桃花女一样的说法就在民间保留了下来。

后来文学大家吴承恩先生还在其名作《西游记》中对周公和桃花女的形象进行了大胆的改编，书中讲了周公、桃花女与真武的瓜葛。

话说当年真武大帝在雪山修行时，用戒刀剖腹洗肠，后来那把被抛弃的戒刀因为有真武的加持，独自修炼成一个阳体，而刀鞘则修炼成一个阴体。

数百年之后，王母召刀鞘上天管理蟠桃园。那戒刀先是做了太上老君的侍童，后来又私自下凡，投胎于一周姓诸侯家，人称周公。后来，刀鞘奉王母之命下凡投胎，做了任太公的女儿，叫桃花女。

桃花女和周公在凡间大斗法术，不能自拔。正当二人打得难解难分之时，真武大帝出现，化解了二人在尘世的孽缘。他们二人受了真武点化，放下恩怨，上天做了周、桃二元帅。

第 48 弹

嫦娥到底有没有偷灵药?

年幼时，我仰望星空，常常向往那些住在天阙的神仙。

不知天上宫阙，今夕是何年?

村里的老人喊：“你睁大眼睛看！月亮里还有棵树。”

我便睁大了眼睛，仿佛果然就有一棵树。

村里的老人接着喊：“再看仔细些，里面还住着嫦娥仙子。”

我眼睛睁得浑圆，极度渴望一睹嫦娥的俊俏容颜，却最终没寻见。

一阵远望之后，只剩下酸疼的眼皮。

对于小孩子来说，漫天星辰是一种神秘的存在，月亮亦是一种神秘的存在。

有关月亮的神话可能是每个人接触中国神话的开端。

吴刚伐树、嫦娥奔月、玉兔捣药等故事在老人那里是张口就来。

嫦娥的故事最早出现在《归藏》中。

作为一本年代久远的文化典籍，这本书主要记载了古代的神话故事和一些占卜类的知识。这本书后来失传，近几年据说又出土了，各方消息不一，总之是一本很神奇的书。

《归藏》记载：“常娥以不死之药奔月。”

这一句话成了后来的很多演化版本的蓝本。齐梁刘勰读过此书，他引用《归藏》说：“羿毙十日，常娥奔月。”

羿射掉九个太阳的故事我们很熟悉了。《归藏》中并未交代羿和嫦娥的关系，直到唐朝时期，唐人李善注文选时提到“常娥，羿妻也”。

联系如上三个细节我们可以做出如下推测，嫦娥是吃了不死之药奔月的，羿又有西王母那里得来的不死药。

《淮南子》做了进一步的演绎：嫦娥偷吃了她丈夫从西王母那里得来的不死之药，然后飞进月亮，变成了捣药的蟾蜍。至于为什么会变成蟾蜍，《淮南子》并没有说明，是不是士大夫们一厢情愿的臆测也未可知，总之是不能让一个偷吃不死药的女人有好下场。

那么，嫦娥为什么要偷吃不死之药呢？流传下来的大致有这样几个版本：

第一种说法是，羿因为射日有功，被百姓敬仰，自然就有点傲娇，再加上自己正是春秋鼎盛之年，荷尔蒙过剩，便偷偷背着嫦娥和河伯的妻子搞破鞋。无奈纸包不住火，嫦娥获知后，自然不能接受，便偷吃了羿的不死药，奔月而去。

这种说法来源于屈原的《天问》，其为文学创作的可能性很大。

第二种说法是，羿射日之后，美名远播，不少江湖术士、青年才俊前来拜师，但里面也不乏鸡狗无赖之徒。这其中一个叫逄蒙的年轻人，目的很不纯洁，他听说羿那里有西王母的不死之药，就起了独吞之心。一日，逄蒙趁羿不在，溜进嫦娥的闺房。求永生的他并不为嫦娥的美貌所动，却威逼利诱嫦娥交出不死药。眼看神药不保，嫦娥情急之下吞服不死药，她转瞬间离地飞升，直奔月亮而去。羿回家寻妻不得，号啕大哭。哭声惊动了天庭，一轮明月上柳梢，羿眯起眼睛看，那月宫之上孤单寂寥的影子不正是爱妻吗？他赶紧收拾香案，拿出爱妻平时爱吃的瓜果蜜桃，希望她能看见，然后飞下月宫与自己团聚。

对于这种说法，《淮南子》中亦有记载："羿闻娥奔月而去，痛不欲生。月母感念其诚，允娥于月圆之日与羿会于月桂之下。"

从这个版本可以看出，善良的人都喜欢有情人终成眷属的结局。

第三种说法是，羿从西王母那里讨来了不死之药后，第一时间把消息告知了爱妻嫦娥，并把药交予爱妻保管。每当羿不在家，嫦娥凝望着不老药，她便纠结得要死。如果丈夫服用了此药，那么他便得长生，可怜了自己；而一旦自己偷服了此药，丈夫则要孤独终老。如此这般，这般如此，与其你长生不如我长生，一念即此，嫦娥便仰面服下不死药，一骑绝尘而去。

这个版本虽不符合广大人民的预期，却很符合人性。

第四种说法是，羿是远古时期有穷国的国王，他性格残暴，苛政盛行，一时间民不聊生。拥有权力的人想到的第一件事就是长生，于是羿费尽周折从西王母那里搞到了不死药。善良的妻子嫦娥怎会眼看着残暴的丈夫长生不死祸害百姓，于是便吞服了长生之药。

阅读中国神话，需要理清一个基本思路，那就是中国神话的产生和演变在历朝历代中随时随地都会发生。由于断代史和历代统治者的需要，记载神话的典籍被焚毁的可能性也很大，所以，流传至今的版本都会有演绎的成分。

嫦娥奔月的故事后来又演绎出很多的分支，像伏牛山的传说，漓江有关嫦娥的传说等，这些故事充分结合了当地的风土人情，虽然可信度上值得商榷，但确确实实丰富了当地的文化底蕴。

第 49 弹

吴刚：千年伐木累

很小的时候，当我仰望星空，看到月亮上阴影的部分，村里的老人就说："看！那是吴刚在月亮里伐树呢。"

吴刚伐树少说也伐了几千万年了，可是那棵神奇的桂树依然生机勃勃。

这到底是怎么回事？吴刚为啥要执着地伐一棵桂树呢？

作为居住在月亮上的神仙，据说吴刚当年叫吴权，是西河人。

炎帝之孙伯陵，趁吴刚离家三年学仙道，和吴刚的妻子私通。他们还生了三个儿子。吴刚一怒之下杀了伯陵，因此惹怒太阳神炎帝。炎帝把吴刚发配到月亮上，命令他砍伐不死之树——月桂。月桂高达五百丈，随砍即合。炎帝就是将这种永无休止的劳动，作为对吴刚的惩罚。

有关吴刚伐桂树，还有一个版本：传说当年月亮里有一棵高五百丈的桂树。汉朝时有个叫吴刚的人，痴迷求仙问道，整日不务正业。天帝听说这件事后，便把他拘留在月宫，令他在月宫伐桂树，并告诉他，如果砍倒桂树，就可获得仙术。

吴刚大喜过望，立刻对着桂树挥起了斧子。但吴刚每砍一斧，斧起而缺口就马上愈合。

日复一日，无休无止。

有关吴刚伐木的原因，大致都是得罪了人。可怜吴刚兄一膀子的好力气，却也只能天天和生生不息的桂树作斗争。

从玄学的角度讲，这个故事也很有趣：吴刚伐树，树周而复始，这正好代表了月亮的圆缺。

俗话说得好：人有悲欢离合，月有阴晴圆缺。

吴刚伐树的故事告诉我们，有些事情，你可能一直在做，但未必会有结果，但这些并不妨碍你一直做。

这里面隐藏着很深刻的人生哲理。

还有一个很温暖的版本。

据传，当年杭州有一个寡妇，以卖酒为生。这位大姐心地善良，不仅酿出的酒香醇无比，而且还经常帮助穷苦人，所以有“酒仙娘子”的美誉。

有一年冬天，酒仙娘子刚打开房门，就发现门口躺着一个骨瘦如柴、衣不遮体的中年男人。酒仙大姐也顾不得许多，赶紧把那男子背进屋里，几碗热汤好酒灌下去，男子苏醒了过来。那男子赶紧答谢酒仙娘子的救命之恩，然后请求酒仙娘子收留他几天。

这可为难了，不留他的话，这个时候出去很容易被冻死；留他的话，寡妇门前是非多。但救人要紧，酒仙娘子也顾不得这许多，便把那男子留在家中。

后来男子慢慢恢复了，村里的闲话也传开了，但是酒仙娘子不惧人言，依然照顾男子，任他人嚼舌头。

没过多久，男子竟然不辞而别。

酒仙娘子放心不下，便到处寻找。她在山坡上遇到一位白发老人，老人挑着一担干柴，吃力地走着。酒仙娘子正想去帮忙，那老人突然跌倒，干柴散落满地。

老人闭着双目，嘴唇颤动，微弱地喊着："水，水……"荒山野岭哪儿来的水呢？酒仙娘子只得咬破中指，顿时，鲜血直流，她把手指伸到老人嘴边，老人却忽然不见了。

一阵清风吹来，天上飞来一个黄布袋，袋中贮满许许多多小黄纸包，另有一张黄纸条，上面写着："月宫赐桂子，奖赏善人家。福高桂树碧，寿高满树花。采花酿桂酒，先送爹和妈。吴刚助善者，降灾奸诈滑。"

酒仙娘子这才明白，原来这瘫汉和担柴老人，都是吴刚变的。这事一传开，远近都来问酒仙娘子索要桂子。

神奇的是，心地善良的人把桂子种下，很快就长出桂树，开出桂花，满院香甜；那些心术不正的人，种下的桂子就是不生根发芽。

酒仙娘子将采集到的桂花酿成桂花酒，分享给周围的老人和贫苦人，受到了大家的称道和拥戴。

大家都很感激酒仙娘子，是她的善行感动了月宫里管理桂树的吴刚大仙，才把桂子撒向人间，从此人间才有了桂花与桂花酒。

第 50 弹

中国神话版《魂断蓝桥》

说起《魂断蓝桥》，很多人脑海中浮现的肯定是一部外国电影，但电影里其实没有一座叫蓝桥的桥，只有滑铁卢大桥。

那是我们的翻译搞错了？

还不至于。这处为意译，是为了更具电影感和韵律感，如果叫成《魂断滑铁卢大桥》，那就毫无美感可言了。

而在中国，却真的有座叫“蓝桥”的桥，在这座桥上也发生过很“断魂”的故事。

相传很久以前，有一个叫尾生的年轻小伙儿，本来与一俊俏的姑娘相约密会于桥下。可是到了桥下，尾生左等不来，右等不来，眼看着水慢慢涨上来，为了践行约定，尾生抱住一根桥柱，寸步不离，最终遗憾溺水而死。

有关此桥，《西安府志》记载，这座桥就在蓝田县的兰峪水上，称为“蓝桥”。从此以后，有学问的人就把男女一方失约，另一方殉情的情况称为“魂断蓝桥”。

不过，蓝桥那凄凄惨惨的故事在公元 825 年终于被一个叫裴航的年轻人给改写了。

始创于隋唐的科举制度让裴航这个年轻人窝了一肚子火。他刚刚名落孙山，心情极为不爽，撒泼耍赖似乎也不甚体面。思虑再三，裴航决定先去找老朋友散散心。

老朋友崔相国安慰裴航："三十年河东，三十年河西，小子莫要空悲切。"

裴航作凄惨状："崔兄说得容易，像我这般年纪，再等下一次科考，恐怕机会寥寥。"

裴航一看，只靠语言安慰恐怕不行，还是得来点儿实的，于是叫家丁拿出二十万钱交给裴航，让他去旅旅游、散散心。

孔方兄还是管用，裴航拿上钱就作别了老友。

去哪里耍呢？他心里盘算着，都说襄汉出美女，自己仕途失意，正需要爱情充实，况且现在兜里有钱，那就去襄汉吧。

去襄汉的船在晨雾中开出，一路沿河而下。两岸景色秀丽，重峦叠嶂、鸟鸣鱼跃，观此美景，裴航心中甚是快活，暂且把科举落榜的鸟事抛到脑后了。

晚上，裴航就着夜色自斟自酌，船上的伙计过来搭话："客官，这良辰美景的，怎么自己一个人在此饮酒？"听了伙计这话，正值青春荷尔蒙飙升期的裴航哪里受得住？伙计一见有戏，赶紧说："这位爷，莫怪小的多嘴，咱们同船的现成就有一位俊俏娘子。"

裴航忙问伙计那娘子如何个俏法，伙计也不会作诗，反正就是添油加醋描绘了一番，什么惊为天人啊，天生尤物啊，把他能想到的好词儿都用上了。经伙计这么一说，裴航算是惦记上了，酒也不喝了，转身回船内睡觉，准备明日一睹这俊俏娘子的芳容。

第二日，裴航站在船头，摆好姿势，静静地等着。

等啊，等啊，等得脚脖子酸疼，也不见那俊俏娘子出来观景。裴航怒火中烧，心中暗想：莫不是那伙计故意消遣于我？正巧伙计迎面走来，带来了有关那俊俏娘子的最新消息：小娘子叫樊夫人，随身带了一个丫鬟。

伙计陈述完，裴航便打发他走了，自己一个人待在空荡荡的船头。暮色越发浓郁，放眼望去，水面上有两只色彩斑斓的鸟儿正在嬉水打闹，裴航不禁又想起了樊夫人。

与其他朝代相比，唐朝在男女问题上一直很包容开放。裴航等不来俊俏的夫人，自持有点文学才华的他，开始采取“文攻”——写情诗的方式，来表达对夫人的倾慕。

阅尽暮色，绞尽脑汁，裴航终于写出了人生第一首情诗，曰：

同为胡越犹怀想，况遇天仙隔锦屏。
倘若玉京朝会去，愿随鸾鹤入青云。

翻译成现代文，大概意思是：

虽没一睹你容颜，

但我确信是你啊。

如果你也没意见，

让我们红尘做伴。

写完此诗后，裴航默读了好几遍，暗自佩服自己才华横溢。裴航把写好的诗用绢帕包好，喊来夫人的丫鬟，嘱咐她一定要当面交给夫人。

诗送去后，裴航久久等不到回音。裴航等得焦急不已，于是数次去找夫人的丫鬟。丫鬟说：“夫人看了诗，就像没看过一样，我能怎么办呢？”

裴航无可奈何，找来珍贵的美酒和水果献上，夫人这才让丫鬟召裴航前来相见。裴航一见之下，惊为天人。夫人的美貌，简直不是凡人可以与之相配的！

裴航再三作揖，生恐唐突了美人。这时，夫人开口了：“我在汉南已有夫君，准备弃官而幽居栖岩谷。叫你来是为了与你告别的。能与郎君同舟共渡，已经是很幸运的事了，就请不要提男女之事吧。”

裴航忙说不敢，喝完一杯酒后就回到了自己的房间。

过了半晌，夫人又让丫鬟带给裴航诗一首：

一饮琼浆百感生，玄霜捣尽见云英。
蓝桥便是神仙窟，何必崎岖上玉清。

裴航看完，虽然不太看得懂诗里的深意，然而心中仍不免感伤起来，难道如此美貌的女子就要与自己擦肩而过了吗？更令他感伤的是，船一到岸，那夫人竟兀自下船而去，连个照面都没打，空留给他一个叹息的倩影。

没想到一段感情还没开始，就结束了。伤感归伤感，旅游还是要继续。裴航一路走走停停，观山赏景，也排遣了不少心中的郁闷。

一日，来到一个叫蓝桥的地方。裴航饥渴难耐，就下车找水。山路崎岖，不远处有几间破旧的茅屋。茅屋旁边的大榆树下，一个老妇人正在一台织布机跟前低头织布。

裴航走上前来，说明原委。老妇人便向茅屋中喊：“云英，快端碗水来！”

望着茅屋破旧的景象，裴航想着这个云英肯定是山野人家的寻常女子，谁知等云英一出来，裴航着实被惊着了。那女子二八模样，一双纤纤玉手端着个大瓷碗，腰肢更是轻巧如云，再看那容貌，恍若天仙一般。

裴航眼睛都直了，一时竟忘了自己是来找水喝的。云英被他看得有点不好意思，脸上堆起粉红的云朵，双手把碗又往前递了一下。裴航这才缓过神，伸手接过云英手中的大瓷碗，将一大碗凉水一饮而尽。

水是喝完了，情也留下了。裴航迟迟不愿离开，便没话找话跟老妇人攀谈，从自己一路的游历讲起，讲到了长安城一百零八坊，转眼之间天已经黑了。

老妇人倒也是爽利人，早看出裴航的小九九，只等着裴航开口。

裴航依然故我，快人快语："刚才那女子，我真是一见倾心，不知道能否娶回家做老婆？"

老妇人回答道："按说郎有情，妾有意，我本不该横加阻拦，但无奈老身只有这么一个孙女，如果你把她娶回家，老身怎么办？"

裴航毫不含糊："那肯定是咱们仨一块儿过日子啊！万万没有丢下奶奶一个人过日子的道理。"连奶奶都叫上了。

那老妇人面有难色："可是老身体弱多病，本来一个神仙给开了服药方，可是却没有捣药的工具。"

裴航说不就是捣药的工具嘛，他且去集市买了。

谁知老夫人这药金贵，只能用白玉的药杵来捣，别的没用。这就难为裴航了，但为了爱情，裴航当即表示，百日之内，即使走遍天涯海角，定要寻见那白玉药杵。

一夜相安无事，保险起见，裴航便没有再写情诗与那云英。两人在晚饭时眉目传情，倒也领会了彼此的心意。

次日清晨，裴航早早上路，一路跋山涉水，沿路询问，不觉又转回了长安。沿途虽然也有人声称自己有白玉做的药杵，可是看了之后，裴航觉得和老妇人描述的相差甚远，所以一直无果。

到达长安之后，裴航想，在物华天宝之都，要寻一件白玉做的药杵还不容易。他便先去了西市，那里有一个很大的玉石市场，各种玉石珠宝，琳琅满目，但逛遍了整个西市，愣是没找到一件白玉药杵。

裴航托长安城里几个古玩行家打听，结果传来的消息也令人失望。毕竟白玉是一种名贵的和田宝玉，谁要有此玉却用来做药杵，那肯定是疯了。

眼看着百日之期将近，药杵的事情还一点眉目都没有，再加上日日思念云英，裴航急得如热锅上的蚂蚁。

他一度想贿赂长安城的京兆尹，让他在四个城门和一百零八坊都贴上告示，让全城的百姓帮忙寻找白玉药杵。不过裴航很快就打消掉了这个念头，毕竟天子脚下，可不敢肆意妄为。

山重水复疑无路，正当裴航无计可施之时，他偶然在长安城的朱雀大街南段，碰见了一个卖玉器的老汉。抱着试试看的态度，裴航光顾了老汉的小摊。

一件巧夺天工的白玉药杵就在其中！真是踏破铁鞋无觅处，得来全不费工夫！

裴航赶紧向老汉打听价钱，老汉张口开价三十万钱。

真是狮子大张口！

但在爱情面前，金钱算个屁。裴航变卖了全身家当，包括自己的车马、仆人，终于勉强凑够了。

药杵在手，爱情我有。裴航轻车简从，春风得意马蹄疾。他来到老妇人家里，兑现自己的承诺。

老妇人倒也不含糊，当即把云英许配给了裴航。可娇妻云英又提出了一个问题：虽然现在白玉药杵在手，但捣药还得需要一百天。

这体力活还得裴航来干。

裴航说：“这都不叫事儿，我现在就开始。”他边说边拿起白玉药杵开工了。

那神仙开的药方果然与俗物不可同日而语，几天下来，裴航腰酸腿疼，但一看到自己的娇妻在一旁给自己掠阵，裴航心里并不觉得累。

只是令他不解的是，有时候明明晚上都睡下了，却还能听见捣药声。

有一次半夜，他实在忍不住，偷偷起来，一探究竟。

皎洁的月光之下，竟然有只兔子在替他捣药。裴航心中暗喜，看来兔子都看出来他的赤诚之心，此事按下不表，转眼之间，一百天的日期就到了。

老夫人就着温水冲服了那神仙配的药方，整个人都精神焕发了。裴航和云英的婚期迫在眉睫，老夫人说要去请些亲戚来参加婚宴，临行前交代，一会儿会有车来接裴航、云英二人。

一盏茶的工夫，果然来了辆豪华马车，马车载上裴航和云英二人便奋蹄向深山而去。有佳人在侧，裴航一路并不觉颠簸，等马车停下，二人下车，眼前却是一番世间少有的景象。

一座高耸的宫殿直耸云霄。

裴航也算是游历丰富，在人世间却从未见过如此雄壮的景象，正犹豫着自己是不是遇见鬼了，老夫人已经领着一个俊俏娘子出来了，那俊俏娘子便是裴航之前给写过情诗的樊夫人，原来樊夫人名叫云翘，云英是她妹妹。

老夫人开门见山，告诉裴航，她们都是神仙。

上次樊夫人在船上看到裴航的情诗，觉得他是个集才华和智慧于一身的年轻人，便给妹妹撮合了这门亲事。至于买白玉药杵、捣药等事件，纯粹是为了测试裴航的心性。

理顺了前因后果，裴航甚是欢喜，能够与此貌美的神仙做眷侣，自己日后肯定也能修成神仙。一念即此，裴航心想，多亏那日路经蓝桥自己口渴，要不然，岂不白白浪费这一段旷世情缘。

这个美好的故事流传了千百年，后人篡改者有之，删减者有之，但情节却相差无几。

后人感念于裴航敢于执着地追求爱情、为爱不畏险阻也要兑现承诺，以及打破人与神之间的森严等级的精神，便奉他为“情仙”。

第 51 弹

泥里打个滚就能成神

各行各业都有自己的祖师爷。

随口就能说出一溜儿：建筑行业祖师爷鲁班、教育行业祖师爷孔子、造纸业祖师爷蔡伦……这些祖师爷既是本行业开创者，还是此行业中的集大成者。总而言之，没有两把刷子是万万不敢称祖师爷的。

敬天法祖一直是我们中华民族的传统美德。每逢农历佳节，民间自发祭祀祖师爷的活动很多，这些活动体现了勤劳的人民不忘本的良好品质。

然而，一些行业随着时代的变迁逐渐消失于历史的车轮之下，所以这些行业的祖师爷也渐渐被人们遗忘，染料的发明者就是其中一例。现在染料店已经几乎看不到了，但在古代繁华的街市上，染织店几乎是一条商业街的标配。

这些店家在开染之前，常常要焚烧一种纸马。纸马用五色纸或黄纸制成，上面还印有梅、葛二圣的神像。

梅、葛二圣就是染料的祖师爷。

遥想当年，一些染织业的重镇如河南开封朱仙镇、四川绵竹等地都建有梅葛庙。农历四月十四与九月初九这两日，大家都要聚集在祠堂或者庙宇焚烧纸马，畅饮梅葛酒。染料店家用这种方式祭奠祖师爷，并请求祖师爷庇佑自家生意兴隆，财源广进。

据说，在染料发明之前，人们衣服的颜色只有灰白两种单调的颜色。虽然这种用棉麻缝制的衣服穿在身上很舒服，却不能满足人们对色彩的需求。

而且最早的部落人民穿戴的大多是色彩鲜艳的羽毛，这种衣服虽实用性不强，但甚是光鲜亮丽。这样一比，棉麻做的衣服明显就处于下风。

有人说，有得穿就不错了，还穷讲究个啥？

这话看上去不错，其实是不懂中国民情。在古代，衣、食、住、行是人生最重要的四件事，而穿衣又排在最前面，人们可以吃不饱，但不能穿不好，穿衣甚至成了人生的头等大事。

社会学家还有一个观点：之所以古代人如此注重穿衣，是因为衣服是人身份的象征。这个观点放在现在依然有效，我们不是经常看见一些人为戴名表、穿名牌而耗尽钱财吗？

当然了，现在这种过度的攀比消费也需要反思。毕竟随着人类文明的发展，我们要有更高维度的精神生活诉求。

说回二位祖师爷，从流传下来的文字上推断，梅、葛二圣并非子虚乌有。

梅葛，即梅福与葛洪的合称。葛洪要比梅福更有名一些，因为他有道教经典著作《抱朴子》传世。

葛洪，字稚川，幼时好读书，精通儒学，醉心于道家修炼术。梅福，相传是汉朝时人，字子真。他在为官的任上遇到了王莽改制，由于对王莽的做法很不满，于是弃官回家，后学道成神。

虽然查证不出染料发明的具体时间，但从梅葛二圣的履历上我们可以大致推断出来，染料的产生与炼丹术有很大关系。

民间有关梅、葛二圣的传说还有一些，这些传说大多具备“民间传奇”的气质，可信度虽有待商榷，但其传播性却很强。

一个比较流行的版本是，相传有位梅姓青年有一次喝大了，摔到了泥坑里，他便去河中冲洗衣服，等衣服晾干，原本的白色变成了黄色。

可以想见，当梅姓青年穿着一身黄色衣服走在满是灰白衣服的人群中时，路人那羡慕嫉妒恨的表情。梅姓青年把这个秘密告诉了一位葛姓青年，偏偏葛姓青年又是个嘴大的活雷锋。很快，黄泥可以染布的消息不胫而走，大家纷纷效仿梅姓青年把衣服染成黄色。

于是一生二，二生三，三生万物，梅、葛二人相继发明了花布、青布等。

据说发明青布时，二人同时想到了用青草的汁液来做色料。他俩把染出来的布用水一淘，白布便由蓝变成了青。后来，这种染布法又流传到了民间，人们不但学会用“蓼蓝草”染衣服，还从蓼蓝中提取出了一种名叫“靛青”的染料。

掌握了颜色的密码之后，梅、葛二位爷越干越上瘾，后来他俩还不断地更新布色，发明了一种新方法，让所染的布颜色纯正，久不褪色。

这种大功德当然是为了造福于民，因为它不仅满足了人们对于衣服色彩的需求，还解决了单调色彩下性别极不容易辨认的社会问题。后世的人们为了纪念二位，便把梅、葛二位爷尊称为梅、葛二圣。

还有一个版本，看上去荒唐而有趣。这个版本中的梅、葛二圣，更接近“万物皆有灵”这个说法。

染料发明之前，古人基本都穿素色衣服，皇帝也不能例外。可是皇帝总是喜新厌旧，一个颜色天天穿，便有点腻歪了。

有一天，皇帝突发奇想，想要工匠们赶制一件与平日里的颜色不一样的龙袍。这可难坏了工匠们，怎么也想不出办法。皇帝自然很生气，一连杀了好几位工匠。

杀了工匠也没有华丽的衣服穿。无奈之际，皇帝想起“重赏之下，必有勇夫”这条古训，于是命人张贴皇榜，悬赏能够赶制出华丽龙袍的工匠。

果然，第二天，一位老人便揭了皇榜，声称自己可以做出来，只是需要一些时日。实际上，老人也没有办法，他只是不忍看着皇帝没事就杀人玩，于是便想出了这个缓兵之计。

揭了皇榜之后，老人甚是忧虑，因为自己并无对策。

一日，老人正在林中散步，忽见一只葛鸟正在枝头吃梅果。老人经过之时，那葛鸟把吃在嘴里的梅汁故意吐到老人的白布衫上。白布衫留下点点红斑，老人大受启发，回家不久，便用红梅汁浸泡白布为皇帝赶制了一件色彩鲜红的龙袍。皇帝穿上龙袍之后，心情大为愉悦，就赦免了那些无辜的工匠。

工匠们特别感激老人，当即要拜他为祖师。

老人一听连连摆手，他告诉工匠，自己之所以能赶制出龙袍，全是玉帝的功劳。那日，他在林中遇见的葛鸟和梅果是玉帝派下凡的神仙，所以工匠们应该感谢的是葛、梅二位神仙。工匠们一听，确实很神奇，于是就开始崇拜这一神鸟和神果，并把他俩称为梅、葛二圣。

无论哪一种传说更接近于史实，都已经不重要了，重要的是，人们掌握了制造颜色的密码之后，把原本灰白单调的旧世界变成了色彩斑斓的新世界。

第 52 弹

蚕神竟是扯皮怪？

远古时，人、神、兽之间的区别并不像现在这么严格清晰。至今流传下来许多神话传说的主角，都是介于人神之间或人兽之间的。

人类诞生之初，伦理概念并不是那么重，再加上人对自身作为“人”的认识很有限，便常常发生一些匪夷所思的事。

有关蚕神的来历，《搜神记》中记载了一则这样的小故事。

据传，远古时有一户人家，父女俩相依为命，日子虽然清苦，倒也还算自在。为了调剂平淡的生活，更是为了解决耕作的劳动力，他们便喂养了一匹公马。那匹马儿性情温顺，干活也绝不偷懒，深得父女二人的喜欢。

宁做太平马，不做乱世人。忽然有一天，他们的部落和另一个部落发生了械斗，父亲被掠去，从此杳无音讯。

姑娘没有办法，只能一个人在家中等父亲的消息。无聊之时，那匹马总是瞪着双眼看她。有一次，马儿又在看她，姑娘烦透了，便对着马儿说：“你瞅啥？难道你还能把父亲救回来不成？”那马儿竟然点了点头。

姑娘自然不信：“你要是能把父亲救回来，我就嫁给你。”姑娘刚说完话，那匹马儿便仰头长嘶一声，飞奔而去。

虽然姑娘知道这匹马平时任劳任怨，但绝不相信它能把自己父亲救回来。

事情出现了神奇的反转，不到半晌的时间，那匹马竟然驮着父亲来到了她跟前。

父女团圆，夸了好一阵马儿。

父亲：“想不到咱家的马居然能找到我。”

姑娘也很惊奇：“是啊！它好像能通灵一样。”

父亲准备上好的草料，准备犒劳马儿。可是那匹马儿却不干了，不仅不吃，还原地打转，仰天长啸！

刚经历了一场劫难的老父亲,自然没有心思去关心一匹马儿的感受。

可是一连几天，马儿都不吃东西，而且叫声异常难听，像是在骂人。

父亲觉得很奇怪，就问女儿：“这马是不是疯了？怎么回来之后表现得这么怪异。”

姑娘不敢隐瞒，告知父亲她曾经许诺嫁给马儿的事。

乍一听女儿的话，父亲头昏脑涨，先把她骂了一通，告诉她不要轻易许诺，而嫁给马儿这种事，也是万万行不通的。本想着那马儿过几日便没脾气了，可是它却一直乱叫。叫声惊扰了四邻，部落里不怀好意的年轻人嘲笑说是不是马儿发春呢。

这一切看上去何其荒诞，父亲终于忍无可忍，便偷偷用暗箭射死了马儿，将剥下的马皮晒在院子里。

射死马之后的一天，父亲跟着部落的人去狩猎。姑娘和邻家的伙伴在院子里玩耍，不小心碰到了马皮。

本来是自己无法兑现承诺，姑娘反而恼羞成怒，用脚踢着马皮说：

“你可真是痴心妄想，一个畜生非要娶人做老婆，现在被剥了皮，爽了吧？”

姑娘话音未落，只见那马皮兀自从地上立起来，卷起姑娘就飞走了。

父亲狩猎回家，女儿消失得无影无踪，一问邻家孩子，才知道女儿被马皮给卷走了。大白天的居然发生这等荒诞的事，父亲一时也不知到哪里去寻找女儿。

转眼几天过去了，父亲毫无线索，站在院子里干着急。忽然，一个邻居跑进来告诉他，在村口的大树上，发现了一个裹着马皮的女孩，但那女孩已经面目全非了。

父亲赶紧跑过去，发现自己心爱的女儿已经变为了一条蚕。那条胖乎乎的蚕看见父亲来了，似乎有千言万语，但是一张口，吐出来的却是一嘴蚕丝。

事已至此，父亲毫无办法。

邻居们把蚕从树上取下来饲养，并喂食此树的叶子，得到了好几倍的收成。

后来，人们就将这棵树叫“桑”，“桑”即“丧”也，意思是姑娘命丧于此。

我常常用这个故事教育徒弟们，做人莫要轻许诺。因为，一诺千金，你若无法兑现，报应就说不定会在哪个路口等着你。

第 53 弹

要想吃饱饭，还得拜拜虫王爷

中国是个农业大国，古人更是要靠天吃饭。对他们来说，天时、地利尤其重要。农作物的生长不仅要靠充足的阳光和雨水，同时病虫害的防治更是重中之重。莫说古人，如今科技发达，对于病虫害的防治还是无法做到百分之百。

前一段时间，印度发生了严重的蝗虫害，铺天盖地的蝗虫在喜马拉雅山脉上空掠过，所到之处草木皆枯。

小时候，我在山东老家也遇到过此类情况：漫天蝗虫飘过天空，一片嗡嗡作响，天空顿时成了土黄色。成千上万只蝗虫飞过农田，原本绿油油的农田顷刻间变为一片狼藉的土黄色。那时候，一旦碰见病虫害的事情，村里的老人们就赶紧进庙烧香。我记得我们村西头就有一个专门祭拜蝗虫神的小庙，老人们都叫它虫王庙。

据考证，祭祀虫王的历史很悠久。远在周代，每年的农事一结束，人们就要选定日子祭祀先祖，时称“八腊”。

《礼记》载：“八腊祭祀四方，四方八成，八腊不通，以谨民财也。”

这里祭祀的八腊说法也不尽相同。从不同的版本可以看出，人们所祭祀的是八种自然神灵。古人认为万物皆有灵，特别是在生产力极其低下的时候，人们更是渴望有一种超自然的力量能够帮助大家渡过劫难。

有人认为，虫王是一种水鸟。

据《夷坚志》记载，公元1156年，安徽、江苏一带秋收临近，却忽然遭遇蝗虫害，数不胜数的蝗虫扑面而来，眼看地里的庄稼就要被吃光，这时候，忽然来了一群水鸟。水鸟很快就把蝗虫吃完，保护了农民的庄稼。后来朝廷听说这件事，便封其为“护国大将军”。

这种说法与古人崇尚自然的力量有很大关系，只是后来随着时代的发展，这些自然的神灵逐渐被人格化了。

到了宋晚期的时候，全国各地照例要祭祀虫王爷，但这时候专司其职的虫王爷已经被人格化了。全国各地遍布八蜡庙和虫王庙，最多的是“刘猛将军”庙。

这位刘猛将军确实姓刘，但并不叫猛。猛在这里是个形容词，用来描述刘将军的威猛。刘猛究竟是谁，历史上也有很多种版本。

有记载他叫刘锜的。

《如皋县志》：“刘猛将军，即宋将刘锜，旧祀于宋。以北直、山东诸常有蝗蝻之患，祷于将军，则不为灾。”

有记载他叫刘锐的。

《识小录》：“相传神刘锐，即宋将刘锜弟，殁而为神，驱蝗江南有功。”

还有记载他叫刘承忠的。

《畿辅通志》：“承忠元末驻守江淮，会蝗旱，督兵捕逐，蝗殄灭殆尽。后元亡，自溺死，当地人祠之，称之曰刘猛将军。”

除此之外，还有几个姓刘的也被指认为刘猛将军。这些人中无论哪一个是真的刘猛，肯定都经过当时老百姓的认证，他们的事迹也多多少少跟整饬蝗灾有关系。

生平详细如刘锜者，自然很容易考证。

刘锜是南宋初年的抗金名将，因为屡立战功而被当朝宰相秦桧排挤，后被贬为地方官。据说刘锜在做地方官时，给当地老百姓做了不少好事，像治理水患、联民抗蝗这类事肯定没少干，所以人们为了纪念他，给他封神也是在情理之中。

据《灵泉笔记》载："南宋景定四年，封刘锜为扬威侯、天曹猛将之神，敕书除蝗。"无锡旧时还有刘猛将军庙，庙中有对联云：

> 卧虎保岩疆，狂寇不教匹马返
>
> 驱蝗成稔岁，将军合号百虫来

上联"保岩疆"和南宋刘锜抗金的故事正好吻合，下联则说的是他灭蝗虫的事迹，由此可见，刘猛将军为刘锜的说法还是靠得住的。

中国历史上，还有一位"灭蝗宰相"，他叫姚崇。

唐玄宗时期，山东发生蝗灾，姚崇上奏严厉驳斥一些地方官员所谓的"蝗虫乃神虫"论调，积极组织官员发动农民整治蝗虫，最终使山东一带从蝗灾中挽回了一定的损失。

世界各国都有关于蝗灾的记载，在漫长的人类发展史中，一直伴随着各种自然灾害，在这些自然灾害面前，我们既要积极应对，同时也要保持一颗谦卑之心。

第54弹

梨园行祖师爷竟是唐玄宗

昔有佳人公孙氏，一舞剑器动四方。

观者如山色沮丧，天地为之久低昂。

这首诗叫《观公孙大娘弟子舞剑器行》，作者是唐朝大诗人杜甫，诗中描绘了公孙大娘的弟子李十二娘的矫健舞姿。

当时，诗人杜甫住在夔府别驾元持家里。

诗序里，杜甫提到一个延续至今的行业：梨园行。

据《观公孙大娘弟子舞剑器行》序载："自高头宜春、梨园二伎坊内人，洎外供奉，晓是舞者，圣文神武皇帝初，公孙一人而已。"

暂居朋友家里的杜甫在夸李十二娘曼妙的舞姿之前，先是回忆了自己当年观看公孙大娘舞剑时的情形。他采用欲褒先抑的手法写道，记得当年能驾驭此舞者，只有公孙大娘一人也，然后再慨叹时光之须臾，最后赞叹李十二娘的舞姿和当年的公孙大娘简直是一脉相承。

唐代大诗人白居易在其不朽诗作《长恨歌》里，对梨园也有记载："梨园弟子白发新，椒房阿监青蛾老。"

上述诗和序中提到的梨园行就是最早的皇家戏班子。

那你知不知道，梨园行的祖师爷是谁呢？

如果有人进过戏班子的后台，肯定会看到戏班子里供奉的神龛。神龛上写着“九天翼宿星君”几个大字——这便是戏曲行当的祖师爷梨园神。

提起梨园神，我们前面讲到过灌口二郎的故事，对于灌口二郎究竟是不是梨园神的身份也做过分析，学术界对究竟谁才是梨园神也是众说纷纭。我们今天要讲的这位，是戏曲界和民间广泛认可的梨园神，相当于经过专业和市场的双重认定。

杜甫生活的年代，恰在唐玄宗执政时期。

有关唐玄宗的生平，相信很多朋友已经通过影视剧和历史书有所了解，但是大多人仅知他宠幸杨贵妃最终造成安史之乱的那段历史，对其详细的生平却所知寥寥。

历史上，唐玄宗是一个多才多艺且文治武功俱全的皇帝。治理国政之余，他最大兴趣可能就是研习音律。为了把这门艺术发扬光大，唐玄宗便下令修建梨园。

最初的梨园就建在长安城光化门外禁苑中，它是专门为皇帝训练和管理乐舞杂戏的机构。

唐玄宗身体力行，亲自披挂上阵挑选优秀的乐师，还从宫中挑选才艺与颜值俱佳的几百号宫女组成声势浩大的皇家歌舞天团。

据《新唐书 · 礼乐志十二》载：“玄宗既知音律，又酷爱法曲，选坐部伎子弟三百教于梨园，声有误音，帝必觉而正之，号皇帝梨园弟子。宫女数百，亦为梨园弟子，居宜春北院。”

这位天子不仅亲自组团，还要亲自操练。

在宫女和乐师排练的时候，唐玄宗还亲自担任乐队总指挥。千万不要想着糊弄这位天子，排练之中谁的舞步错了，音律乱了，他可是当场就能指出的。

有时候，演奏兴起，唐玄宗还亲自下场参与演出。皇帝参演的天团如果放到现在，应该会被黄牛炒出天价去。因为，在整个皇家乐舞天团里，唐玄宗是集导演、制片、演员、作曲、指挥于一体的全能型人才，比现在的双栖影星、多料影帝要厉害很多倍。

开元年间的长安，一片国泰民安的景象，再加上当时的天子又多才多艺，整个长安城中达到小康之家的人都有崇尚文艺之风气，而这股风气又进一步推进了音乐艺术的发展。

稍后，许多从梨园出身的宫女成了长安城的当红演员。作为专门为皇帝训练的乐舞天团，这里也涌现了一批杰出的音乐家，比如李龟年、张野狐等等。

作为梨园行的创始人，唐玄宗渐渐被人们神化。暑往寒来，日月不居，慢慢地，从事梨园行业的人就开始信奉起唐玄宗来。还有一些地方的戏曲班子，把梨园神称为“老郎神”，这也是称呼唐玄宗的。唐玄宗是唐睿宗的第三子，也是最小的儿子。当时许多方言里，“老”为“小”的溺称，家中的小儿子一般都被父母溺爱称为老儿子。作为家中第三子，唐玄宗自称三郎，也就是“老郎”。

清人徐珂《清稗类钞 · 梨园供奉之神》亦云：“梨园子弟之唱昆曲者，辄奉一少年白皙冠服如王者之神为鼻祖，谓为老郎，相传即唐玄宗。殆以中秋游月宫霓裳偷谱之事，而玄宗且自称三郎，又因禅位倦勤退位于太子，而称之曰老郎。”

一言以蔽之，后世的戏班子认这位超级大咖来作梨园的神一点毛病也没有。毕竟请一位擅长音律的皇帝作护佑，不仅仅有面儿，宣传上也要比其他怪力乱神的故事靠谱得多。

第 55 弹

济公是个富二代

活佛济公，家喻户晓。

他那句著名的口头禅——“酒肉穿肠过，佛祖心中留”，成了现在一些修行之人大开荤戒的由头。殊不知，这只是活佛的前两句，大家只知其然而不知其所以然。

济公后两句是“世人若学我，如同进魔道”。

在许多影视作品中，活佛济公一般都是一副癫狂的模样，说话也是有一搭没一搭，让人摸不着头脑。为了迎合观众，剧情往往会往喜剧方向发展：画面热闹，情节简单，最后善有善报，恶有恶果。

结局皆大欢喜，但人是复杂的，神仙尤其复杂，作为活佛的济公焉能不复杂？历史上的济公究竟是怎样一个人呢？

根据历史记载，济公原是浙江台州人，生于南宋绍兴十八年（公元 1148 年），圆寂于嘉定二年（公元 1209 年），原名李修缘，法号道济。

据说李修缘才华横溢，一生乐善好施。除此之外，他特别喜欢惩处为富不仁之徒，所以深受百姓爱戴和拥护。

济公的祖上曾做过宋太宗的驸马爷，官至镇国军节度使。到了济公父母这一代，举家住在天台北门外永宁村。父亲李茂春到了不惑之年，膝下仍无子嗣。李家世代信佛，便虔诚拜佛，并许下宏愿。没过多久，李茂春如愿以偿，喜得一子，请国清寺主持给他取俗名修缘。冥冥之中，李修缘与佛门结下了不解之缘。

济公的一生极富传奇色彩，关于他的传奇故事，自南宋以来，一直被不断演绎。在济公故乡天台一带，流传最多的是他的出世、童年生活以及他惩恶济贫的故事，像“济公出世”“小济公芥菜叶泼水救净寺”“利济桥”“棒打寿联”“赭溪救童”“修缘出家”等故事就在当地广为流传。在济公出家和活动的杭嘉湖一带，至今流传着“飞来峰”“古井运木”“戏弄秦相府”等脍炙人口的故事。

在我们普通老百姓心目中，他确实是一位与众不同的神仙。首先，济公爱吃酒肉，这在修行者的眼里是犯了大戒律的事，但在他这里压根就不是事儿。

相传少年济公当年去灵隐寺找主持慧远法师，法师教他潜心修行，他却终日里不思吃斋念佛，天天就想着弄点荤的，打打牙祭。

除了吃荤，他还经常作癫狂之状。

那些和他一同修行的同门哪里见过这阵仗，于是把他告到了师父慧远法师那里。

同门师兄弟细数济公种种恶行，当即要师父把他逐出师门。谁知慧远法师却说：“佛门广大，岂不容一癫僧？”

既然有法师庇护，便再没有人敢拿这些说事。

从这件事上我们可以得出一个结论，无论你慧根多高，道行多深，在此之前找一个慧眼识珠的高师才是最重要的。

与他的疯癫相映成趣的是，他的善行自带喜剧效果——这正是我们祖先在卑劣的世道里，始终保持乐观的大智慧。正是依赖这种智慧，让我们把俗世的苦难喜剧化，把它们变成一颗颗抚慰心灵的小药丸。

济公成佛之后，因不爱守纪律，所以罗汉堂中，他经常不在其列。如今北京的碧云寺，你如果不注意，就找不到他——他竟然蹲在了房梁上。按照民间的说法，是因为罗汉堂开会，他去晚了，所以只好屈尊在此。

在江南的一些庙中，济公常常站在过道里，形象也是一身邋遢，手执一把破扇子，面部表情极为丰富，无论从哪个角度看，都感觉他在盯着你。

民间还有济公是降龙罗汉转世的传说。

纵观济公的诸多版本，虽然繁复驳杂，但作为一名耳熟能详的神仙，他的神格还是相当稳定的——乐善好施，不循规蹈矩，爱打抱不平，做事不拘一格。

就是这种稳定的神格，让他在民间拥有如此高的地位。

身为禅宗高僧，济公撰有《镌峰语录》十卷。除此之外，他还写了很多诗。这些诗作大多是劝人向善及生命感悟之类的。

他写过一首《清早饮酒》：

从来诸事不相关，
独有香醪真个贪。
清早若无三碗酒，
怎禁门外朔风寒。

看这一派豁达逍遥的风度，很难说他没受到道家隐逸之风的影响。

今天再读济公，心中仍有很多慷慨。他所言所行远不是吃不吃肉的问题，也不是喝不喝酒的问题，是心中究竟有没有大道的问题。

第 56 弹

疯和尚可不止济公这一个

自汉时传入中土以来，佛教的传播、发展、演变和融合就一直在进行。

佛家讲究修来世，对今生要有出离心，来世则会不在轮回之中；所以许多高僧大德一生持守戒律、五蕴皆空。

大乘佛教又讲究普度众生，很多高僧们在尘世中除自我修行之外，常常还要帮助人们超度劫难。

和庄严庙宇里供奉的那些来自古印度的名讳超长的西天诸佛不同，在中国民间的神话体系里，被人们津津乐道的大多是本土高僧。他们接地气、说人话，在民间的善举更是被人们传得有鼻子有眼。

这些得道高僧们摒弃了佛教的一些死板的规矩，在人间江湖里我行我素、特立独行。我们前面讲到的济公就是一个典型代表。

虽特立独行、行为怪诞不合规矩，但这些高僧大德的最终目的却暗合了佛家证悟有万千法门的大道。

佛家圣地九华山寺院的大殿前有两尊佛像，一位是济公（传说中的降龙罗汉），手持破芭蕉扇，一副看穿红尘的逍遥模样；和济公对应的是一位赤脚和尚，手持拂尘，腋下夹着一把扫帚，这就是传说中的风波和尚，即疯僧。

二人一颠一疯，相映成趣。

济公的故事多不胜数，很多影视剧都进行了不同程度的改编和演绎。而有关风波和尚的故事却并不多，最有名的当属“疯僧扫秦”这个故事了。

相传，南宋时，秦桧谋害岳飞并把他下狱之后，因为做了亏心事，总是坐卧不安。按照民间的习惯，心神不宁必求助于神，秦桧便去庙里求签问吉凶。

秦桧刚进庙，迎面便遇见风波和尚。

风波和尚大笑一声曰：“阿瞒固一世枭雄，今天不也灰飞烟灭了吗？”

秦桧惊奇，忙问其因。

风波和尚答曰：“善有善报，恶有恶报，你这样陷害忠良，就不怕遭报应吗？”

秦桧故意问谁是忠良。

风波和尚对曰：“就是被你陷害的岳飞，他可是国家栋梁。”

心中有鬼的秦桧自然无话可说，风波和尚狂笑一声曰：“你竟敢假传圣旨陷害忠良，必将受万世唾弃。”

秦桧假装似懂非懂，风波和尚手拿扫帚朝秦桧之面横扫而去。秦桧所带的护卫正要拿下他，他却转瞬之间不见了踪影。

秦桧回到家后，把在寺院之中所闻所见讲给夫人王氏听。王氏说，纵虎容易擒虎难。秦桧遂改变主意，杀岳飞于风波亭。

这个故事的真实性不得而知，它很有可能是后人的牵强附会，但其在民间流传很广，影响很大。

与岳飞同时代的洪迈在其著作《夷坚志》中也有相似情节，后来宋元的杂剧更是用戏剧化的手法演绎了这一情节。

元杂剧《东窗事发》中记载：岳飞被陷害致死，地藏王化身风波和尚。一日，秦桧来灵隐寺烧香，风波和尚便警告他说东窗事发了。秦桧命手下何宗立去捉拿风波和尚，何宗立经算命先生指引见到风波和尚，风波和尚用时空扭转大法让何宗立见到岳飞升天得道而秦桧死后身披枷锁的模样。何宗立回到朝廷，参见宋孝宗，禀明经过和缘由，从此宋孝宗为岳飞平反并开始祭奠岳飞。

从这类故事的传播我们可以窥见，在中国老百姓的心中，有着朴素的是非观和因果观。人们从心底希望善恶各有报应，至于为啥很多现世不报，那是因为时候未到。

果不其然，秦桧死后被老百姓摁在岳飞墓前跪了千百年；岳飞作为精忠报国的典型人物被后世争相传颂；故事中的风波和尚也因为其善举被人们请进庙宇，位列罗汉，尽享香火。

中国老百姓之所以对本土的“罗汉”感情深厚，和这些本土罗汉大多出身民间、故事鲜活有很大关系。

像寒山、济公、风波和尚这些来自民间的高僧，几乎都是凭借自己的善举和功德来证得罗汉之位的，可以说是如假包换、真材实料。

概因如此，千百年来，他们一直存活于人们的记忆里。

第 57 弹

青鸾：信使的前世今生

唐朝大诗人李白写过一首名叫《凤凰曲》的诗：

> 嬴女吹玉箫，吟弄天上春。
> 青鸾不独去，更有携手人。

这首诗里所写的青鸾就是上古的一种神鸟。

《山海经·西山经》载：“又西二百二十里，曰三危之山。三青鸟居之。”这里的“三青鸟”便是青鸾。

历史发展到今天，文字记载的关于青鸾的故事不多，但经过几千年的文化传承和演绎，青鸾被赋予了很多的属性。

首先作为上古神鸟，它神秘而独特。其神秘之处是，据说凡间没有人看见过它；其独特之处是，据说青鸾全宇宙仅此一只，再无后代和同类。青鸾要搁现在，就如传世之孤品，大家肯定争先恐后一睹其芳容。

宋朝大诗人柳永有诗曰：“坐中年少暗消魂，争问青鸾家远近。”

传说中的青鸾能鸣出世界上最动听的声音，只是这种天籁之音没有一个人有幸听过。

清朝大诗人纳兰性德有诗曰：“青鸾杳，碧天云海音绝。”

相传青鸾一生都在寻找自己的另一半，因为只有它一只，它从未见过自己同类的面孔，大家可以想象它的孤独寂寞。

清代诗人阮元有诗曰：“青鸾不用羞孤影，开匣常如见故人。”

传说中的青鸾，因为找不见知音，只能对镜起舞，孤芳自赏。因此有时候诗人用青鸾代指镜子。

唐朝诗人皇甫枚有文曰：“他日锦雉之衣欲解，青鸾之匣全开。”

据《山海经》记载，青鸾常伴西王母身旁，有时还为西王母传递信息，所以后人又常常把青鸾比作信使。

青鸾到底长什么样子呢？

相关文献记载尚无，在很多现代艺术创作中，青鸾形如孔雀，羽色华丽。

正因为有关青鸾的形象描述不多，反而给后来者提供了很大的想象空间。青鸾的形象之所以能成为历代诗人笔下的创作素材，与它神秘的身份和代表的属性有很直接的关系。

青鸾一生都在执着地寻找自己的另一半，那种孤独感契合了诗人们身上自带的孤绝基因，而它信使的身份，又为相思难寄的诗人们提供了绝佳的意象，两者一经相遇，必将产生千古吟诵的诗篇。

第 58 弹

鲲鹏：给人类的想象安上翅膀

有关鲲鹏的神话传说，出现在《列子 · 汤问》中：“终北之北有溟海者，天池也，有鱼焉。其广数千里，其长称焉，其名为鲲。有鸟焉，其名为鹏，翼若垂天之云，其体称焉。世岂知有此物哉？大禹行而见之，伯益知而名之，夷坚闻而志之。”

这里的鲲鹏还是两个不同的物种，一个在水，一个在天。它们俩的共同点就是：体型足够大！古人对于自然界的想象力，大是其中一个标准。

鲲化鹏的说法起源于庄子——一个充满瑰丽想象的古代哲学宗师。

庄子一开始写《逍遥游》的动机已经不可考。这个可爱的老人给后世留下了很多鲜明的文学形象。鲲鹏化二为一的奇妙想象亦给后世留下了难以逾越的奇诡之“大”：

“北冥有鱼，其名为鲲。鲲之大，不知其几千里也；化而为鸟，其名为鹏。鹏之背，不知其几千里也；怒而飞，其翼若垂天之云。是鸟也，海运则将徙于南冥。南冥者，天池也。”

且不说，庄子先生究竟有没有见过这“鲲鹏”大物，就是凭空想象，能够打通“在水——在天”这一形态转换，在古人的想象里便是一种大突破。

我在很多场合都说过，在孩子早期的教育中，家长一定要注重孩子想象力的培养，广泛而大量地阅读中国上古神话便是一种方法。

在“鲲鹏”的起源之说上，有些人认为其和《山海经》中记载的“禺强”有几分神似：北海之渚中，有神，人面鸟身，珥两青蛇，践两赤蛇，名曰禺强。这种说法找不见具体的证据，至于“鲲鹏”是不是庄子先生对“禺强”的升级改造也不得而知。

还有一些人认为，“鲲鹏”应该是佛教中的大鹏金翅鸟。

大鹏金翅鸟在梵语中叫“迦楼罗”，它是佛教天龙八部之一，乃是佛的护法。据记载，大鹏金翅鸟雌鸟羽毛非常艳丽，体型也是鸟类中最大的。但佛教中并无此鸟会游泳的任何记载，由此可见“鲲鹏”是大鹏金翅鸟的说法站不住脚。单单从产生的时间上分析，那时的古佛教虽然已经诞生，但还没有传入中土。

“鲲鹏”因其自身的大与奇，成了历朝历代诗人笔下常用的文学形象。李白、杜甫、苏轼等大诗人，都在自己的诗文中对这一形象进行过演绎。

李白：“大鹏一日同风起，扶摇直上九万里。”

杜甫：“图南未可料，变化有鲲鹏。”

苏轼：“鲲鹏水击三千里，粗练长驱十万夫。”

瑰丽的想象，奇绝的思维，是每一个民族最最宝贵的部分。

这也给我们揭示了一个道理：凡是有生命力的“形象”必然有想象力的加持。

我们或许可以再大胆些：世界上本就有鲲鹏，只是它和我们不在同一个维度里罢了。

第 59 弹

神仙的法宝别乱玩

古代中国，传奇故事举不胜举，能人异事层出不穷。

一些江湖术士、民间异能的传说经文学家或史学家的整理和改编，和他们本来的模样已然大不相同。但如果倒推之，我们还是可以大致推断出其蓝本。

《后汉书》里记载了一个东汉时期的神奇男子，名叫费长房。

话说那日，费长房正在酒肆喝酒谈心，却见街上有一老翁，背上挂一葫芦，在向行人兜售神奇小药丸。药丸卖完之后，行人散去，那老翁却兀自钻进葫芦之中。费长房大为惊奇，断定老翁绝非等闲之辈。

决定赌一把的费长房，赶紧买了酒肉，邀请老翁前来畅饮。老翁也不客气，大吃大喝一番。吃喝之后，作为回报，老翁领费长房到自己的葫芦里转了一圈。

这一转不要紧，费长房真是开了眼界。原来这小葫芦里乾坤大，里面雕梁画栋、亭台楼榭样样俱全，俨然神仙居所。看着眼前这一切，费长房更加确信，今天遇见的就是一活神仙，于是拜老翁为师，在葫芦里学艺十余日。

葫芦里的岁月是短暂的，学艺有成的费长房还是眷恋尘世的生活，老翁便送他一根青竹。费长房骑上青竹，飞行速度超级快，一会儿就到了自己家。可是，家中人以为他早已经死了，这又是为什么呢？

《神仙传》里记载，老翁来教费长房之前，便已经用了障眼法，用青竹替代费长房，悬在费家宅院树上。那青竹和费长房高低相当，竟能变化出他的模样，家人看见，以为费长房自己寻了短见。悲痛之中，家人把“费长房”给葬了。置身事外的费长房一看，老翁确实有绝活，便一心跟着老翁学道。

《神仙传》云：“费长房学术于壶公，公问其所欲，曰：‘欲观尽世界。’公与之缩地鞭，欲至其处，缩之即在目前。”费长房不仅可以骑青竹飞行，还掌握了缩地之功，千里之外的地方，瞬间可至。

自觉学了一身法术的费长房，回到家乡之后，开始为众人治病。他的手段一传十十传百，方圆百里的乡亲如果遇到什么鬼魅之事，也纷纷请求他帮忙。

《后汉书》记载，汝南这个地方经常发生一些鬼魅之事。有鬼冒充太守，经常半夜敲鼓，搞得整个郡县的人不得安宁。有一次，这个小鬼又来作祟，正好碰上费长房。费长房大喝一声，那小鬼即刻现形，原来是一只老鳖。

民间关于费长房的传说还有很多。另外一个版本出自《东游记》：费长房是铁拐李的徒弟，当年铁拐李被罚下凡后，就背着个大葫芦走江湖。遇到费长房之后，他表演了一套飞身进葫芦的大法。费长房当机立断，软磨硬泡之下终于得拜铁拐李为师。

铁拐李考验了费长房三次，前两次费长房都轻松通过，可惜第三关没有过。铁拐李便给了他两件宝物，一件就是前面提到的青竹，这宝物骑上之后就可以自由飞行，这可比哈利·波特的扫把要厉害得多了；

另一件宝物就是一道灵符，这道灵符可以驱使鬼神，功能也是相当强大。

回到家之后，费长房闲着没事就骑上青竹绕着自己的家乡飞上一圈。众人看见，只有仰慕的份。

据说有一次，他和朋友喝酒，忽然很想吃鱼，就很任性地骑上青竹到百里之外的宋国集市上买鱼。最神奇的是，转眼的工夫，他就提着鱼回来了。朋友们瞠目结舌，把他的事迹添油加醋一番传播开来。

随着名声越来越大，费长房有点小骄傲。他自己还有一件灵符宝物，闲来无事就用它抓鬼玩，而且一旦碰上做了坏事的鬼魅，上来就是一顿鞭子。不仅如此，他还用灵符驱使一些土地神和山神来修石开路。

从费长房的结局看，他之前有些事情做得确实有点过分。神仙教赐给你的宝物都是关键时刻用来保命的，岂能轻易拿出来展示？费长房经年累月地用灵符来驱神弄鬼的荒唐之举结下不少梁子。

一日，他竟然把灵符给弄丢了。那些被奴役过的鬼魅邪祟发现费长房的灵符没有了之后，一个一个都过来寻仇了。最终，费长房死于众鬼之手。

《后汉书》载："费长房者，汝南人也……能医疗众病，鞭笞百鬼，及驱使社公……后东海君来见葛陂君，因淫其夫人，于是长房劾系之三年，而东海大旱。长房至海上，见其人请雨，乃谓之曰：'东海君有罪，吾前系于葛陂，今方出之使作雨也。'于是雨立注……又尝作客，而使至宛市鲊，须臾还，乃饭。或一日之间，人见其在千里之外者数处焉。后失其符，为众鬼所杀。"

第 60 弹

一念成佛，一念成魔

现在的人们，喜欢把妖魔鬼怪混为一谈。

在东方神话中，妖魔鬼怪是一个笼统的概念，主要指那些具有超能力，会施展法术的非神非人的东西。这里有个例外，一些小动物、小植物们如果潜心修炼、一心向道，是有可能修炼成仙的。在未成妖或成仙前，他们一般都称为精，像西游记里的蜘蛛精、琵琶精等等。

鬼则是由人死之后魂离体而化成，是至阴之物。一个人的阳寿已尽，形容枯槁，躯体随之腐朽，而非实体的魂魄还在，但因为它们脱离人这个至阳之体，阴阳平衡被打破，所以只能在晚上出来活动。一般的鬼都进入轮回，脱胎转世；还有一些阳间债务未完，必须要在阴间受。还有一种鬼，受其阳体在人间行善事或者修行的缘故，在世时虽没有机缘成仙，但死之后很快飞升为神仙。

魔的法力比妖怪和鬼都强大得多，而且一般的神仙都不是其对手。还有一点，妖怪大多天生都是反对天庭制度的，而魔多是因为心法不正才堕落成魔的。

今天给大家讲的是有魔王魔佛之称的波旬。

作为印度佛教中的大魔王，波旬又叫魔波旬，他最爱干的一件事就是干扰佛及其弟子们的修行。

佛经记载，魔王波旬为阻止悉达多觉悟成佛，派出三名魔女来诱惑他。这三名魔女分别代表了爱欲、乐欲和贪欲。

当她们盛装出现在悉达多面前，极尽殷勤和媚态，企图干扰悉达多入定。但悉达多深心寂定，对魔女的挑逗毫不动心，犹如莲花出污泥而不染。

魔女自然不会轻易认输，继续施展妩媚伎俩，悉达多不为所动，张口怒斥道："尔等虽有一副好容貌，却恬不知耻，心术不正，就这点伎俩还想蛊惑人心吗？"

说完，他还口念佛语，魔女们居然能看见自己的恶态骷髅骨节，皮包筋缠，脓囊涕唾。

魔女们羞愧难当，掩面而遁。

魔王波旬一看自己的手段没成功，顿时恼羞成怒，他自恃神通广大，带领一帮妖魔邪祟前去找悉达多理论。看见正在修行的悉达多，魔王威胁他赶紧去王宫里享受荣华富贵，要不然就让他粉身碎骨。

悉达多压根没听见，继续修行。

怒从心头起，恶向胆边生。魔王波旬指挥左右万箭齐发欲置悉达多于死地。千钧一发之际，悉达多面不改色，准备再次殉道，却发现自己毫发无损。

魔王波旬诧异无比。

天边一声巨响，护法天神来了，众鬼魅瞬间作鸟兽散。

佛经中有关佛陀与波旬斗智斗勇的故事还有很多，而且每次都是以波旬的失败而告终。

但是《华严经》有一段记载提到，魔王波旬其实是菩萨变幻来的。

他之所以做事风格比较粗暴和简单，实际上却是为了考验人性的。如果一个人潜心修道，那么便能抵住诱惑，最终修成正果。

佛教称波旬为魔王，是把他放在佛陀的对立面来说的：有清心寡欲者便有欲壑难填者，有潜心修道者便有浑水摸鱼者，有壁立千仞无欲则刚者便有堕入悬崖猪油蒙心者。这和大千世界几乎一模一样：每个人行走在尘世之间，都会遇到自己另一面。

第 61 弹

原来他才是最强大脑

佛教传入中国并不算早，大约在两汉时期。但一经传入中土，因佛教自身温和的普世价值与东方思维有很大相似性，传播便极其迅速。

正所谓入乡随俗，佛教的传播和兴盛，也是遵循这种规律的。世人都说神仙好，那么如何才能成佛呢？

佛经记载，成佛途径很多，众弟子们可以根据自身的悟性选择不同的方法修行。

据传在佛陀时代，有八万四千法门之说。佛陀寂灭后，佛教又分为小乘、大乘，大约有十三宗。

在中国，最常见的是八宗。

今天要讲的阿难，便是佛教禅宗里的第二祖。

在汉语里，阿难这个名字有一个温暖的解释：庆喜、欢喜。据《佛本行集经》记载，阿难是释迦牟尼叔父的儿子，阿难出生在释迦牟尼成道的那一天夜里，一出生便与佛结下了不解之缘。

释迦牟尼五十三岁那年去家乡弘扬佛法，二十五岁的阿难就顺理成章地跟着堂兄出家了。此后，阿难伺候释迦牟尼二十五年，受持一切佛法。

佛祖涅槃之后，大迦叶尊者成为初祖，统领广大佛家弟子。等他圆寂之后，阿难便成为第二祖，他继承迦叶的意志，率领佛家弟子继续弘扬佛法。

阿难能成为禅宗第二祖，是不是和他一直跟在佛祖身边有关系呢？毕竟民间有言：一人得道，鸡犬升天。

其实，这句话放在阿难身上肯定是不合适的，因为阿难本人博闻强记，记忆力超群。搁现在，他也是一个高智商、高情商的人。文殊菩萨曾经这样赞叹阿难："相如秋满月，眼似青莲华，佛法如大海，流入阿难心。"

作为僧团的智商担当，阿难当年还很年轻英俊。虽然年轻，他已经可以完整记录佛陀的言行（多闻第一）。除此之外，他还能够团结广大的女众，所以一直很讨佛陀欢心。

佛陀升天之后，为了防止异端邪说冒充佛言，五百罗汉齐聚一起回忆佛陀生前言论，准备结集出版，以正视听。

在这次集会上，"多闻第一"的阿难可谓是风头无两。据说，他一个人就背诵出了全部经藏。这可比现在电视上诗词大赛的选手们厉害多了。凭借出色的记忆力，阿难一度被称作"宇宙最强大脑"。

阿难不仅博闻强记，为人更是以慈悲为怀，尤其是在对待女人的问题上。

据说当年释迦牟尼的姨母要出家，释迦牟尼不同意，认为女性修行甚为不妥，但是在阿难的再三请求下，释迦牟尼最终还是答应了，这才有了后来比丘尼僧团的建立。

事情总有多面性。阿难的慈悲和善良，常常给他的修行带来障碍和麻烦。

据传，阿难的善良招来了不止一次的诱惑，以致佛陀常单独对年轻的阿难展开说教，要他避开女人，远离爱欲，潜心修行，最后阿难都照办了。

关于阿难之死，流传的版本更是充满传奇色彩。

据说，一经得道的阿难在摩揭陀国传播佛法的路上遇到一个小沙弥。小沙弥正在诵经，阿难听他诵经错误百出，便上前去指正他。谁知道那个小沙弥不但不认账，还信口雌黄说阿难老糊涂了。

像阿难这样的尊者，哪里受过此等侮辱。一气之下，阿难当即决定不在此国传播佛法了。就在阿难决定前往另一个国家时，摩揭陀国王听说此事，赶紧带领数千骑兵日夜兼程追赶阿难，希望他能够重回摩国。而得知阿难前来传播佛法的另一国国王，亦大喜过望，也亲领精兵来到边境迎接阿难。

双方在一条河的两岸对峙，此时阿难正在渡河。

为了争夺阿难，两国谁都不愿后退，一场杀戮在所难免。

佛家以慈悲为怀，阿难岂能坐视一场生灵涂炭的战争爆发，思虑再三之后，阿难决定自焚，骨骸分成两半，一半骨骸归一国，总算平息了这场战争。

《大唐西域记》载：“阿难恐斗其兵，更相杀害，从舟中坐起，上升虚空，示现身变，即入寂灭，化火焚骸，骸又中折，一堕南岸，一堕北岸……”

作为一个以慈悲为怀、宁可用肉身止干戈的神仙，佛家典籍一直对阿难的评价甚高。阿难也因其对佛法传播的贡献无可替代，及其善良慈悲的性格，为后人树立了一位典型的“圣者”形象。

第 62 弹

四大天王才艺多

佛教提出“三界”说，即欲界、色界和无色界。

尘世中的万物都在三界内轮回，而要想超脱于三界之外，必须潜心修行，自证成佛。古人把这一修行结果叫作涅槃。唯有涅槃方能进入极乐世界。

欲界是三界之中最低一界，人类、地狱饿鬼、畜生、天神都居住在此界。只是，天神又住在欲界的天上，天有六重，俗称六重天，人们耳熟能详的四大天王就居住在第一重天上。

提起四大天王，上些年岁的人可能立即想到的就是香港“四大天王”，不过，娱乐圈的四大天王和佛教里的四大天王完全是两个概念。

佛教典籍记载，四大天王最早是起源于印度，分别是持国天王、增长天王、广目天王、多闻天王。

在佛教里，这四位可是武力值相当高的护法神。经常走街逛庙的人都知道，甫一进庙门，在第一个大殿基本就能看见这四位神仙的神像。他们个个浓眉怒目，浑身武装，威严极了。

据佛教典籍载，四大天王住在第一重天的须弥山山腰。须弥山有四座山峰，人称须弥四宝山。须弥山高达三百六十万里，按照《西游记》里孙悟空的最快速度——一个筋斗十万八千里算，要到达须弥山顶，也且得翻不少筋斗呢。

当然了，四大天王住在这么高的山上，肯定是有任务的。他们四个一人负责一个方位，一人护佑一方世界。这四个方位即佛教说的东胜神洲、西牛贺洲、南赡部洲和北俱芦洲。

负责东胜神洲的是持国天王，身穿白衣、甲胄，手持琵琶。持国的意思是慈悲为怀，护佑众生。他喜欢用音乐来感召众生。

负责西牛贺洲的是广目天王，身穿红衣、甲胄，手中缠绕一条螭龙（或蛇）。广目的意思就是随时能够打开天眼，观照世界，护佑众生。因其为金翅鸟所化，能镇伏龙王，故右手捉龙，表风调雨顺。他手里的赤龙还能变身锁链，但凡看见不虔诚的人，广目天王就用锁链把他们拉上来，重新开悟他们。

负责南赡部洲的是增长天王，穿青衣、甲胄，手持宝剑。增长的意思就是能够传令众生，使其开悟，皈依佛教。他经常手持宝剑护佑佛法，一旦发现有人玷污佛法，他的宝剑就会从天而降，现场超度。

负责北俱芦洲的多闻天王，穿绿衣、甲胄，手持宝伞。多闻就是名声远播的意思。他经常用手中的宝伞制服妖魔，护佑人民财产安全。四大天王里差事最好的就是这个多闻天王，在印度神话里，他既是北方的守护神，同时还是一位财神爷。

俗话说有钱好办事，看来神仙也不能免俗。据说，四大天王里多闻天王的信众最多，他经常一边给人讲佛法，一边撒钱。这密语加蜜糖的阵仗，一般的信徒哪能抵挡得住啊。

神仙的法力强了，便有人打着神仙的名头招摇撞骗。

相传，唐宪宗年间，成都有个无赖叫赵高，喜欢打架斗殴，招惹是非。

为了逃避惩罚，赵高给自己弄了个多闻天王的刺青。唐朝官吏中信佛者众多，一时之间，大家竟拿他没办法。这事传到了节度使李夷简耳朵里，他偏偏不信这个邪，把赵高捉来，一顿棒打。这一顿板子下去，无赖赵高被打了个一佛出世二佛升天，再也无法行骗了。

佛教传入中土之后，随着各宗教之间的融合，一些佛教的神仙在道教里也有出场，只是道家将其进行了改编。

在道教体系里，四大天王分别叫魔礼青（增长天王）、魔礼红（多闻天王）、魔礼海（持国天王）、魔礼寿（广目天王）。这四位的形象和佛教中的四大天王的形象除了魔礼寿手中的螭龙换成了花狐貂，其他基本一致，而且在《封神演义》这本小说中，最后这四个人都被封神了，名字也叫四大天王。随着时间的流逝，人们也傻傻分不清楚他们与佛教中的四大天王究竟有什么区别。

怪谈文学奖
由捧读文化发起
鼓励原创小说创作

捧读文化
触及身心的阅读
全国总经销

出 品 人 张进步 程 碧

特约编辑 孟令堃

封面设计 陈旭麟 @AllenChan_cxl

插画创作 陈婷婷

内文排版 杨瑞霖

出版投稿、合作交流，请发邮件至：innearth@foxmail.com

了解新书，图书邮购、团购、采购等，请联系发行电话：010-85805570